MALEDUQUE A SUS HIJOS CON MUCHO AMOR

Verdadera prevención

Libro de autoayuda y temas de psicología para el buen desarrollo individual y colectivo. Dirigido a todas las personas en general

Maleduque a sus hijos con mucho amor
Verdadera prevención

Libro 1. De temas de autoayuda y psicología del desarrollo
Título original:
MALEDUQUE A SUS HIJOS CON MUCHO AMOR
Verdadera prevención
Publicado y escrito originalmente por: Ps. Mg. Camilo Hernán Mendoza Palacios en: Bogotá, Colombia, Suramérica.

CONTENIDO

- **DEDICATORIA**

- **INTRODUCCIÓN**

- **CAPÍTULO 1.**

CÓMO APRENDEN LAS PERSONAS

MECANISMOS DE APRENDIZAJE DE LAS PERSONAS

1. Aprendizaje por modelamiento
2. Aprendizaje por moldeamiento
3. Aprendizaje por lo que se escucha o sentido de la audición
4. Aprendizaje por consecuencias o por experiencia directa

- **CAPÍTULO 2.**

EDADES IMPORTANTES PARA APROVECHAR LA EDUCACIÓN

1. Primera etapa. Se clasifica en dos:

   ✓ **La primera edad,** desde los 0 hasta los 5 años.

   ✓ **La segunda edad,** desde los 6 hasta los 12 años.

2. Segunda etapa. Desde los 12 hasta los 18 años de edad.

3. Tercera etapa. Desde los 18 años en adelante.

- CAPÍTULO 3.

  SIETE CONCEPTOS FUNDAMENTALES DE LA MALA Y MEJOR EDUCACIÓN

  1. Sobreprotección.

  2. Permisividad.

  3. Endiosamiento.

  4. Sobrestimulación.

  5. Sobreexigencia.

  6. Maltrato. *Abandono, Descalificación, Motivación negativa, Comparación y Castigos.*

  7. Responsabilidad, autonomía y amor consciente.

- **Hijos de padres separados o ausentes.**

- **Hijos adoptados y únicos.**

- **Conclusiones.**

DEDICATORIA

A mi amplia y querida familia, a mis verdaderos amigos, a Carolina Gómez Montoya por invitarme al camino que seguramente ya encontró, y a Gerardo Schmedling Torres por enseñarme a dejar atrás tantas cargas innecesarias de mi vida. Finalmente, a mis consultantes por permitirme entrar en sus vidas y enseñarme de sus experiencias, para así continuar con mi crecimiento personal.

INTRODUCCIÓN

Un saludo para todas las personas que me consultan mediante este libro. Es un escrito dirigido a los padres de familia y a las demás personas que se dedican a la crianza y formación. Personas que estén abiertas a mejores y diferentes maneras de enseñar. Formadores que estén dispuestos al cambio y, lo más importante, comprometidos con practicar mejores maneras de educar a los niños, adolescentes, jóvenes y, por qué no decirlo, a adultos. El libro tiene como objetivo identificar y evaluar mediante test sencillos, divididos por edades, los principales aspectos no funcionales que usan los educadores, para luego reconocer y aprender mejores maneras de desarrollar y fomentar la autonomía, la responsabilidad, el amor consciente y el equilibrio presente y futuro en niños, adolescentes y jóvenes, y que solo así se preparen mejor para la vida adulta. "El amor es ciego" dicen algunas personas y estoy de acuerdo, aunque no solo lo es el amor en parejas sino con los hijos, y también es en ocasiones un amor que hace daño a los hijos.

Durante mi práctica clínica he tratado personas con   desórdenes de personalidad, consumo de sustancias psicoactivas, adiciones al sexo y al juego patológico, entre otras problemáticas. Jóvenes y adultos que presentan anorexia, bulimia, desobediencia, rebeldía, maltrato físico y psicológico, abusos sexuales, abandono físico o presencia ausente de sus padres. Sumado a lo anterior, he tratado personas con problemas de homosexualismo mal aprendido, timidez, depresión, baja autoestima, bipolaridad, déficit de atención, hiperactividad, problemas de pareja, ausencia de proyecto de vida, inseguridad y demás problemas psicológicos y emocionales. Hay que tener en cuenta que los anteriores problemas generan un gran malestar emocional en las personas que los sobrellevan y en los familiares o conocidos con quienes interactúan estas personas.

Teniendo en cuenta lo anterior, es importante comprender que los problemas psicológicos comportamentales y emocionales se forman inicialmente en la primera infancia, luego en la niñez y posteriormente se consolidan durante la adolescencia hasta los 18 años de edad. Tiempo en que, aproximadamente, se arraiga lo que se aprendió hasta esta edad. Así mismo, es claro que lo que la persona estructuró hasta los 18 años será el determinante en los comportamientos y la personalidad en la edad adulta. Por último, **Maleduque a sus hijos con mucho amor** es una propuesta seria y profesional fundamentada desde el desarrollo psicológico emocional. Este escrito orienta su propósito a la prevención verdadera y a un desarrollo psicológico mejorado que previene y responde a las actuales exigencias de la crianza en estos tiempos de cambios dramáticos y rápidos, donde la estructura familiar y social y la adaptación exigen pautas funcionales. Por lo anterior, este libro pretende brindar una información clara, práctica y oportuna para, de esta manera, hacer prevención temprana, lo cual es la mejor alternativa. En este texto no se incluyen conceptos médicos-pediátricos ni de cuidados de salud física, nutrición o trastornos mentales severos. En conclusión, está orientado exclusivamente al campo del desarrollo psicológico, comportamental, emocional e interpersonal para desarrollar la autonomía, la responsabilidad y fomentar el amor consciente.

CAPÍTULO 1

CÓMO APRENDEN LAS PERSONAS

El proceso de aprendizaje de todas las personas comienza desde antes del nacimiento, durante el embarazo y continúa para el resto de la vida. Los niños aprenden por ciertos mecanismos psicológicos que están identificados científicamente. Los describiremos uno a uno, para poder entender mejor el contenido de este libro.

Los mecanismos de aprendizaje son: modelamiento, moldeamiento, por el sentido de la audición o lo que se escucha, y por las consecuencias que recibe de las acciones todo ser humano. Hay que tener en cuenta que en las primeras edades los aprendizajes son muy rápidos y lo que aprendan los niños en estas edades es lo que determinará su comportamiento, personalidad o sus maneras de ser en el presente y a futuro.

Desde cuando nacen, los niños, adolescentes y jóvenes aprenden destrezas, valores, comportamientos, miedos, traumas, conocimientos, actitudes, hábitos, etc. En la misma dirección desarrollan creencias de todo tipo acerca de ellos mismos y, al mismo tiempo, sobre las demás personas. Finalmente, de la manera en que se adaptan y se relacionan con la vida cotidiana y con el mundo durante sus vidas.

A continuación se explicarán los mecanismos de aprendizaje mencionados.

MECANISMOS DE APRENDIZAJE DE LAS PERSONAS

1. **Aprendizaje por modelamiento**
2. **Aprendizaje por moldeamiento**
3. **Aprendizaje por lo que se escucha o sentido de la audición**
4. **Aprendizaje por consecuencias o por experiencia directa**

1. Aprendizaje por modelamiento

Esta manera de aprender, como su nombre lo indica, explica cómo las personas observan un modelo. De modo que todas las personas observaron desde pequeñas las conductas de los padres, las de los familiares, también de las personas que el niño, adolescente o adulto ve en su medio o contexto. Este contexto por lo general es la casa o apartamento, el colegio, la calle y los medios sociales y de comunicación como internet, radio, televisión y revistas, entre otros.

Así mismo, el modelamiento está en todo momento presente en la vida cotidiana de las personas. En consecuencia, las personas desde su infancia y niñez hasta la edad adulta están aprendiendo por este mecanismo. En otras palabras, las personas tienen la tendencia a repetir, imitar o escoger modelos por seguir en varios aspectos de su desarrollo. Se aprenden por modelamiento conductas buenas y otras no tan buenas. También los niños o adolescentes aprenden actitudes, gestos, formas de ser, modas y creencias de los adultos o de pares (pares; son personas de la misma edad y condiciones socioculturales de una persona). Por lo anterior es tan importante este mecanismo de aprendizaje.

El modelamiento es uno de los principales elementos del aprendizaje de las personas.

Ejemplos de modelamiento: el padre grita para resolver los problemas, así que el niño aprende a hacer lo mismo para solucionarlos. Otro ejemplo puede ser cuando un niño o adolescente observa cómo un adulto o su padre conversa con una persona. Al hacerlo, aprende los gestos, ademanes, las posturas y palabras que usted como adulto usó para esa conversación. Un último ejemplo: usted como adulto ve a una persona que lleva un tipo de ropa y lo puede tomar como un modelo por seguir, comprando la misma prenda porque considera que usted se verá tan bien vestido como el modelo que vio.

2. Aprendizaje por moldeamiento

Este mecanismo de aprendizaje plantea que los comportamientos de las personas son moldeados desde su nacimiento hasta la edad adulta. Para explicar de una manera más sencilla el moldeamiento, vamos a imaginar una arcilla en un torno a la que se le está dando la forma de un joven. A esta especie de escultura del joven le podemos dar bastantes formas y, de la misma manera, podemos imaginar moldeando comportamientos a un niño o adolescente durante su desarrollo y crecimiento. Esto nos ilustra cómo este mecanismo de aprendizaje es tan importante en la educación de las personas durante su vida. Como le escuché decir a un colega en una ocasión: "conducta que se permite, conducta que se repite".

Durante la vida en las personas se moldean conductas de todo tipo que pueden ser conductas no deseadas como la agresividad, la desobediencia, la timidez o la inhibición, la altivez o el engreimiento, etc. También se moldean conductas o comportamientos deseados como lo pueden ser: la amabilidad, la obediencia, la responsabilidad, la motivación y la autoestima entre otras. Podemos citar casos para entender mejor el concepto de moldeamiento. Por ejemplo, el niño habla solo con sus amigos "imaginarios" y la mamá le dice con una palabra fuerte que está loco, que eso no se hace y la acompaña con un gesto de extrañeza o desaprobación. El niño en este caso teme o se inhibe de volver a hablar con sus amigos "imaginarios" y si esto se repite varias veces aprenderá erróneamente que este juego con amigos "imaginarios" no lo debe volver a hacer. En el caso contrario, si el niño habla con sus amigos "imaginarios" y la mamá lo escucha, lo mira con amor y observa esto con naturalidad, él va a continuar con esta actividad típica de su edad. Otro ejemplo de moldeamiento puede ser cuando un niño de 8 años hace un berrinche para lograr un dulce que no debe comer y los papás acceden con este método a darle el dulce para evitar el escándalo y el berrinche. En este caso, los papás estarán moldeando a que el niño aprenda a usar el berrinche para obtener algo. También si al adolescente se le premia o se le aprueban conductas positivas como hacer sus tareas primero antes de jugar, se le está moldeando a hacer primero el deber y luego la actividad de

13

recreación o las que le generan recreo y placer. Con los anteriores ejemplos podemos entender mejor el mecanismo de moldeamiento.

3. Aprendizaje por lo que se escucha o sentido de la audición

Este mecanismo de aprendizaje significa que lo que los adultos dicen y el niño antes de los 5 años de edad lo escucha, va a ser aprendido y asumido como una verdad. En el caso de niños mayores de 5 años, de adolescentes y adultos, lo que escuchan de las demás personas o por los medios es cuestionado, comprendido, asumido como verdad o dejado de lado, según lo que ha aprendido al respecto de ese tema o en esa situación.

Por ejemplo: la mamá va a un espacio abierto con el niño quien observa una arañita pequeña e inofensiva. Escucha a su madre decir, con gestos de angustia, que las arañas son peligrosas y retira a la niña bruscamente. El niño ante esa instrucción o ante lo que escuchó de su mamá, va a adquirir temor a las arañas de manera exagerada. En el caso contrario, si el niño ve a la arañita y la madre le dice que es un animal bonito, que habita en algunos lugares y que solo algunas son para tenerles cuidado, el niño va a aprender que las arañas son animales inofensivos y que se debe tener una distancia prudente. Otro caso sería si un joven escucha decir a su papá que el cigarrillo es muy agradable y que no es malo fumarlo. Este joven va a cuestionarse seguramente: "si mi papá lo hace y dice que es bueno, yo también lo puedo hacer". Lo anterior nos explica cómo un niño aprende muchos de los conceptos por lo que escucha de sus personas influyentes y por qué es un mecanismo tan influyente en las personas.

4. Aprendizaje por consecuencias o por experiencia directa

Este es el mecanismo de aprendizaje que consiste en que todas las conductas que se llevan a cabo tienen una consecuencia. Si la conducta es positiva y tiene una consecuencia positiva, esta se tiende a repetir. Ahora bien, si la conducta es negativa y de la misma manera la consecuencia es negativa, la persona no tiende a repetirla.

En otros casos y en algunas personas, de manera algo extraña se presentan con cierta frecuencia que llevan a cabo conductas negativas con consecuencias muy negativas para ellas y para los demás. Sin embargo, vuelven a equivocarse y a caer en conductas autodestructivas. En estos casos que son muy frecuentes, se identifica que lo hacen de esta manera equívoca con el objetivo de llevarle la contraria a alguien para llamar la atención de los demás. En otras ocasiones, para mostrar su rebeldía o como una técnica de venganza e inconformidad con alguien o algo, o simplemente porque las personas que lo educaron, lo confundieron.

Las consecuencias también pueden ser positivas de comienzo, pero negativas a mediano plazo. No obstante pesa más el placer del comienzo. También debemos tener en cuenta que las consecuencias positivas se buscan cada vez más. Por ejemplo, si un niño ordena sus pertenencias del dormitorio y los papás lo elogian y lo dejan jugar luego de esta responsabilidad llevada a cabo, el niño tenderá a ser ordenado nuevamente. Otro ejemplo de aprendizaje por consecuencias es cuando un niño ve una vela prendida y acerca el dedo por curiosidad. Ante el calor del fuego, va a retirar la mano. Un caso de rebeldía es el de un joven que es regañado frecuentemente

15

por estar haciendo pereza y además es descalificado y comparado con otro joven que no es perezoso. De tal manera, este joven queda resentido y se muestra rebelde mediante gestos o pone resistencia ante las órdenes que le dan sus padres.

Para concluir, todo lo anterior explica de dónde se originan gran parte de los comportamientos adecuados y no tan adecuados de los niños, adolescentes o jóvenes. Acá es importante aclarar que estos aprendizajes adecuados, equivocados o invertidos son producto de la educación, el contexto y formación de los padres o cuidadores.

CAPÍTULO 2

EDADES IMPORTANTES PARA APROVECHAR LA EDUCACIÓN

Existen tres etapas de la formación de la personalidad y cada una tiene las siguientes edades que las caracterizan.

1. Primera etapa. Se clasifica en dos:

- **La primera edad,** desde los 0 hasta los 5 años.

- **La segunda edad,** desde los 6 hasta los 12 años.

Desde la concepción hasta los 5 años es la etapa de grabación o impresión: significa que toda la información que reciben los niños, la graban como una verdad, por lo cual este periodo es de vital importancia. De tal manera que lo que graba en su mente va a ser determinante para su futuro.

Voy a comparar la mente del niño con una grabadora de video con audio, en la que la tarjeta de memoria está sin información y cuando comienza a grabar imágenes con sonido se va llenando. Lo más importante es comprender que esta es la etapa más adecuada para poder favorecer a futuro la responsabilidad y la autonomía saludables. Para concluir esta primera etapa, aclaro que la mente de un niño de 0 a los 5 y hasta los 12 años de edad, aprenden 20 veces

17

más rápido que la de los adultos. Por lo anterior, es relevante tenerla muy en cuenta para la buena formación.

2. **Segunda etapa.** Desde los 12 hasta los 18 años de edad

En esta etapa de adolescencia se consolidan aún más las grabaciones que se formaron desde los 0 hasta los 12 años y el adolescente continúa actuando de acuerdo con lo que ya se aprendió. En igual sentido, se sabe que el adolescente entra en confusión y es acá cuando se observan algunos de los siguientes comportamientos: cambios hormonales y biopsicosociales, temores, emociones cambiantes, rebeldía, incomprensión de sí mismo y de los demás, búsquedas de libertad y expresión, búsquedas de identidad, mentiras, gestos de rechazo e inconformidad. O por otro lado, también desarrollan cualidades, toman decisiones, buscan ejercer una libertad responsable, presentan buenos hábitos, usan sus cualidades y fortalezas, despiertan más su sexualidad, etc.

En efecto, esta segunda etapa que dura hasta los 18 o en muchos casos más tiempo, se puede usar de manera constructiva para que los padres o formadores moldeen y modelen comportamientos más favorables, enfocados a fortalecer la responsabilidad y autonomía.

3. **Tercera etapa.** Desde los 18 años en adelante

Esta es la etapa de la reprogramación. Este es un periodo en que se siguen corrigiendo asuntos negativos del pasado y, en otro sentido, se siguen fomentando otros aspectos positivos para continuar madurando positivamente.

De los 18 años en adelante y para concluir el concepto de esta tercera etapa de desarrollo de la personalidad, debemos tener en cuenta la importancia de continuar avanzando en responsabilidad y autonomía y, por otra parte, seguir corrigiendo pautas de crianza deficientes del pasado.

El libro resalta especialmente los primeros cinco años de educación, luego de los 5 hasta los 12 y finalmente de los 12 a los 18 o más edad. Y por otra parte, los siete conceptos fundamentales de la mala y mejor educación o formación.

Los 7 conceptos fundamentales de la mala y mejor educación.

1. **Sobreprotección.**

2. **Permisividad.**

3. **Endiosamiento.**

4. **Sobrestimulación.**

5. **Sobreexigencia.**

6. **Maltrato.**

7. **Responsabilidad, autonomía y amor consciente.**

Por ende, ustedes los lectores deben estar atentos de los apartes del libro en los que se resaltan especialmente los primeros cinco años.

Hay que tener en cuenta que muchos niños, adolescentes y jóvenes están bien educados y son responsables y autónomos, además de haber sido formados con amor consciente. De tal manera que las buenas pautas de crianza sí funcionan.

19

CAPÍTULO 3

SIETE CONCEPTOS FUNDAMENTALES DE LA MALA Y MEJOR EDUCACIÓN

1. Sobreprotección.
2. Permisividad.
3. Endiosamiento.
4. Sobreestimulación.
5. Sobreexigencia.
6. **Maltrato.** *Abandono, Descalificación, Motivación negativa, Comparación y Castigos.*
7. **Responsabilidad, autonomía y amor consciente.**

   Hijos de padres separados o ausentes.

   Hijos adoptados y únicos.

   Conclusiones.

1. Sobreprotección

Casos reales y ejemplos de sobreprotección

Los nombres, las edades y algunas circunstancias de los actores de cada caso, se han cambiado para respetar el principio de confidencialidad.

Alfredo, de 17 años. A este joven lo conocí hace muchos años en un centro de terapia. Él había perdido a su padre, quien falleció cuando Alfredo tenía 5 años de edad. Este era un muchacho que en ese entonces decía mentiras, justificaba su pereza y cuando se le ordenaba alguna responsabilidad se quejaba y manipulaba a todas las personas para no asumirla. Sus expresiones faciales mostraban gestos de un niño consentido e indefenso. De esta manera lograba ser un consentido de las mujeres compañeras de internado. La mamá y las demás personas lo trataban como un niño toda hora. Sumado a esto, en su pasado su abuelo, su mamá y sus tías le resolvieron muchas cuestiones que él debería haber afrontado. Este joven no tenía habilidades para asumir el estrés ni las críticas de los demás, ni le gustaba esforzarse por tareas cotidianas o exigentes. Su tolerancia a la frustración era mínima, sus inseguridades y miedos a situaciones cotidianas lo paralizaban al punto de evitar responsabilizarse de algunas de sus actividades, y muchas situaciones normales lo desestabilizaban emocionalmente. Sus pérdidas amorosas lo dejaban realmente disminuido. Este joven afrontó equívocamente sus dificultades normales usando marihuana, alcohol y algunas otras sustancias psicoactivas, que desarrollaron un gran problema adicional.

21

Adriana, mamá de 46 años. Ella es separada y vive con su hijo de 12 años: Julián. Lo percibe y describe como un hijo tierno, dulce, cariñoso y lindo. Adjetivos calificativos que son más adecuados para describir a una mujer adolescente. Además, a Julián lo llevan a todo tipo de especialistas porque está un poco pasado de peso, tiene gafas y presenta, según un diagnóstico, un déficit de atención. Es hijo único. Adriana se hace cargo de vivir con él y de resolver la mayoría de las necesidades de su hijo. Sin embargo, hay sospechas de una conducta de Julián de besar a un amigo menor que él 4 años y, por consiguiente, de un posible homosexualismo aprendido y moldeado.

Lo que quiero explicar es que esta mamá está llena de miedos y que este tipo de comportamientos generan inseguridades en su hijo, por lo cual esta sobreprotección le va a impedir desarrollar las habilidades para la cotidianidad. Los pasos por seguir son que la mamá confíe primero en ella y luego en las capacidades de su hijo, le permita arriesgarse y le deje de decir que es lindo, tierno, dulce, etc. Obviamente tampoco se trata de que lo describa como el macho machote, pero el término medio es lo óptimo. La mamá y los abuelos deben cambiar la forma de ver a su hijo y nieto como indefenso y poco capaz de resolver asuntos cotidianos.

Nelly, de 30 años. Ella tiene un niño de 7 años llamado Germán. El papá del niño ha consumido alcohol y marihuana y se alejó de sus vidas. Sumado a esto, Nelly también distanció a su hijo de su padre presuntamente para protegerlo de malos ejemplos. "Lo dejó sin papá". Ella y sus padres, es decir los abuelos de Germán, muestran comportamientos sobreprotectores: le dan masajes en sus pies, lo miman, le resuelven sus cosas, le dan la comida en su boca y lo perciben como un niño indefenso y huérfano, prácticamente

22

sintiendo lástima por él. En el colegio, las psicólogas y profesoras observan que Germán no socializa con otros compañeros hombres y sólo se trata con mujeres. Por esta razón, le han hecho matoneo o *bullying*. Hay un posible homosexualismo, ya que el niño presenta gestos de ser muy mimado y de amaneramiento. Esto, debido al exceso de sobreprotección.

Sus familiares desarrollaron la creencia de que al Germán no tener un papá normal, le deben resolver todo y que el niño es un pobrecito que tiene una carencia muy grande al ser prácticamente "huérfano", lo cual genera una sobreprotección que está afectando su desarrollo normal. Se aconseja en estos casos cambiar la percepción que se tiene sobre el papá e ir haciendo cambios en la sobreprotección del niño, de cara a permitirle desarrollar la autonomía, la autoconfianza y la seguridad en esta edad tan importante.

¿Qué es la sobreprotección?

Hace referencia a, como la palabra lo indica, *proteger más de lo necesario*. Un aspecto es sobreproteger a un/a niño/a, y lo contrario es no protegerlos. Lo ideal es poder llegar a un punto óptimo que facilite a las personas la seguridad, fortaleza y autoconfianza necesarias.

Sobreprotección es inhibir comportamientos normales a un/a niño/a, también es poner freno a la exploración natural y al conocimiento de la cotidianidad tanto en su medio ambiente físico, como en su desarrollo psicológico y emocional en los primeros años de las personas. Por lo general, algunos padres o cuidadores abuelos, tíos o niñeras, poseen unos miedos exagerados a lo que les pueda ocurrir a los niños. Por otra parte, estos adultos presentan sus propios miedos que aprendieron durante sus vidas. Por esta razón, protegen más de lo necesario y así impiden que los niños y adolescentes aprendan de las situaciones cotidianas conflictivas y que enfrenten los errores como experiencias normales y necesarias en el desarrollo. Sumado a esto, los adultos sobreprotectores generan en los niños y adolescentes miedos e inseguridades psicológicas.

Es sabido que muchas de las inseguridades de los menores de edad y adultos son transmitidas por los adultos que han educado a estos niños y no tanto por las vivencias de temor que hayan experimentado los niños o las personas directamente.

La sobreprotección lleva a que las personas en las edades tempranas no desarrollen y aprendan las suficientes habilidades, fortalezas, destrezas, capacidades de adaptación y las principales funciones mentales como lo son la capacidad para la solución de problemas, tolerar el estrés, las habilidades de planeación, ,el desarrollar el pensar en las consecuencias de sus actos, la toma de decisiones, el aprender estrategias de afrontamiento, el asumir riesgos, el desarrollo de destrezas físicas y, finalmente, el equivocarse y aprender del error, entre otras.

Todo lo anterior, para apartarse de una manera segura al medioambiente social, cultural y físico que exigen estos tiempos modernos. ¿Imagine si un niño o adolescente desarrolla esto de una manera adecuada? La respuesta es: si este joven desarrolló la seguridad, la autoconfianza y la autonomía estará en mejor capacidad de crecer seguro de sí mismo y con la confianza suficiente para adaptarse a la cotidianidad.

Sobreprotección de los 0 a los 5 y hasta los 12 años

A continuación se mostrará un test de respuesta simple **SÍ** o **NO**, para evaluar en los padres o cuidadores el concepto de educación citado en este libro. Tómese un buen tiempo para responderlo y para identificar sus pautas de educación.

Test para evaluar si se está sobreprotegiendo a los niños de los 0 a los 5 y hasta los 12 años

Marque con una equis (X) SÍ o NO, si usted como padre o cuidador presenta este comportamiento.

Preguntas	Si	No
1. ¿Usted está imaginando peligros exagerados que la mayoría de la gente no imagina?		
2. ¿Usted hace gestos de temor cuando el menor está explorando un ambiente normal?		
3. ¿Cuándo el/la niño/a pretende lograr un reto como alcanzar algo o se está esforzando para lograr algo cotidiano, usted lo ayuda?, ¿le resuelve la situación?		
4. ¿Usted o un adulto le sigue dando la comida al niño en la boca, aun cuando ya es momento para que el/la niño/a coma y maneje sus cubiertos?		
5. ¿Le está diciendo constantemente al niño las palabras "¡cuidado!" o "¡no!" con demasiada frecuencia?		
6. ¿Cuándo usted está en la oficina o en otro sitio y alguien cuida a su menor en su casa, usted llama más de cuatro veces al día para saber cómo está?		
7. ¿Usted se refiere ante las demás personas o menciona frente al niño palabras como "¡pobrecito!", "¡es muy indefenso!", "¡no puede esto o lo otro! etc.?		
8. ¿Usted o los adultos que cuidan al niño lo perciben o imaginan gran parte del tiempo como indefenso, débil o incapaz?		
9. ¿Si usted es divorciado/a o por no tener la presencia de la mamá o el papá junto a su hijo, percibe que el/la niño/a va a sufrir? ¿o que está sufriendo por eso? ¿o que es huérfano y esto es terrible?		
10. ¿Usted no quiere que su hijo sufra lo que "usted sufrió" y por eso le quiere resolver sus pequeñas conflictos cotidianos y le quiere dar muchas cosas?		

Interpretación del test

Si usted marcó **SÍ** a más de cuatro de los diez ítems, debe prestar atención porque está sobreprotegiendo.

Se aconseja estudiar y practicar los consejos o tips propuestos en los temas referentes a las preguntas en las que se respondió **SÍ**, en la sesión de consejos para prevenir la sobreprotección.

Consejos para prevenir y dejar de sobreproteger en estas edades y lograr desarrollar la seguridad, confianza y autonomía adecuadas

- Permita que el/la niño/a juegue y mencione a los amigos imaginarios. Es normal en esta etapa, hasta los 5 años aproximadamente. Por el contrario, si usted les critica o les impide a sus hijos que lleven a cabo este comportamiento, los está inhibiendo, lo cual impide que jueguen tranquilamente y se generen sentimientos negativos, que luego se convertirán en miedo, timidez e inseguridad ante la espontaneidad.

- Si usted como padre, madre o adulto que cuida a su hijo es una persona con miedos y cree de manera exagerada que el mundo es peligroso, le tiene temor a los animales como perros, insectos u otros, o si usted ha sido ansioso o nervioso en cosas cotidianas, debe resolver sus miedos en terapia y no transmitirlos a los niños.

- No les resuelva a los niños sus pequeños retos, no les dé mensajes con palabras como "no va a poder" y algo muy importante: no les diga tanto la palabra "no". Permítales siempre explorar el ambiente adecuado para ellos y que solucionen sus pequeñas dificultades como alcanzar objetos, armar y desarmar cosas, poderse estrellar y darse golpes con objetos cotidianos no peligrosos. Esto hace parte del aprender a adaptarse al medio físico normal.

• Tenga un espacio de niños/as y no de adultos en la mayoría de tiempo, sin peligros (puede ser un pequeño espacio o una habitación con sus juguetes y un tablero o una pared forrada en papel de dibujo sin tintas tóxicas y sin objetos realmente peligrosos). Este lugar le facilitará que el/la niño/a explore, exprese mediante el dibujo, conozca, las diferentes texturas, colores, formas y objetos tridimensionales. De esta manera, y sin estar inhibiéndolos, los menores podrán realmente jugar y poco a poco adquirir la seguridad necesaria para adaptarse al medio y desarrollar la seguridad y las destrezas físicas que necesitan.

• Regule sus miedos como adulto ante los peligros exagerados, identifique si los peligros que usted imagina son más grandes que lo que verdaderamente son y permita a su hijo la exploración. Confíe más en que el niño puede manejar esta situación y ayúdelo realmente cuando usted vea que él ya no puede hacer algo por sus propios medios. Por ejemplo, si el niño intenta abrir un paquete y realmente sus fuerzas no le dan, usted puede abrirle una parte y que el niño continúe abriéndolo hasta que lo logre.

• Identifique en un espejo si los gestos que usted hace ante las acciones cotidianas o ante algunas acciones de supuesto riesgo que el/la niño/a esté realizando *son de temor*. Sabemos que el lenguaje no verbal o gestual de las personas, los niños y las personas los leen inmediatamente y los interpretan de acuerdo al gesto. Los gestos de temor o angustia se deben cambiar por gestos de normalidad y neutralidad, seguridad y confianza. De esta manera, el niño hará una lectura de normalidad y seguirá explorando o actuando con más seguridad.

• Cuando el/la niño/a esté actuando ante sus pequeñas dificultades, como lo puede ser alcanzar algo, desarmar un juguete, alzar o trastear algo, entre otros ejemplos, usted no se las resuelva: permítale que él/ella mismo/a lo resuelva y lo solucione; así mismo con las tareas u otras actividades cotidianas. De esta manera adquirirá las habilidades y destrezas que se mencionan en la lectura.

• Cuando el niño esté en edad y demuestre que puede comer solo, asearse solo, alcanzar sus cosas, cargar sus objetos y esté siendo más autónomo, permítale hacerlo. Primero usted le dice cómo o le enseña explicándole cómo se hace y luego lo expone a que él lo haga. Así el niño va a poder avanzar en su desarrollo y percibir que lo logra; de esta forma desarrollará esta destreza.

• El uso del celular ha reforzado la sobreprotección. En épocas cuando no se usaba esta tecnología, los papás no controlaban tanto al menor o joven. Ahora esto ha fortalecido la inseguridad y la sobreprotección. Dejar el uso tan frecuente del celular es lo adecuado: con dos o tres llamadas en un día, es suficiente.

• Las palabras "¡cuidado!" o "¡no!" no se deben mencionar con tanta frecuencia ni ante todas las situaciones. Mantenga al niño en contextos adecuados y propios de él y permítale que explore de todo. Mencionar constantemente tales palabras genera inseguridad en el menor y es mejor cambiarlas por "¡hazlo!", "¡dale!" o "¡disfruta!".

Una advertencia de "¡cuidado!" se debe hacer cuando es estrictamente necesario y verdaderamente exista peligro.

• En algunos casos los padres o cuidadores perciben a su hijo o menor como "pobrecito", "débil", "incapaz", que no va a poder. Estas son percepciones malformadas de los adultos que se dan con frecuencia en padres o madres, o en abuelos de niños sin papá o mamá, o en hijos de padres separados o con padres o madres irresponsables con problemas de drogas o en padres de hijos no deseados, situación en la cual el papá o la mamá se alejaron. Incluso cuando los niños presentan sobrepeso o diferencias físicas como gafas o alguna cicatriz. En otras ocasiones cuando alguno de los padres tiene otra pareja, etc.

• El hecho de que se presenten estas circunstancias normales de la vida y más hoy en día, no significa que su hijo no pueda ser una persona en el futuro con las habilidades y fortalezas para adaptarse de una manera sana y normal a la vida. Se ha sabido de casos en los cuales personas con limitaciones reales en el aspecto físico, y hasta psicológico, no han sido sobreprotegidas y han surgido y hecho cosas importantes, llevando un desarrollo psicológico normal.

• Perciba a su hijo seguro, con capacidades, que logra y logrará resolver su cotidianidad y vida normal. Si el/la niño/a alguna vez le pregunta el famoso "¿por qué?", usted le explica, sin dramatizar, sin gestos de temor ni de angustia, la verdad de la vida cotidiana, por dura que a usted como mayor le parezca. De esta manera, su hijo no va a ver estas situaciones como supuestamente dramáticas o limitantes, sino como situaciones cotidianas que debe resolver y de las cuales puede salir adelante, a pesar de todo.

Sobreprotección luego de los 12 años hasta los 18 o más

A continuación se mostrará un test de respuesta simple **SÍ** o **NO**, para evaluar en los padres o cuidadores el concepto de educación citado en este libro. Tómese un buen tiempo para responderlo y para identificar sus pautas de educación.

Test para evaluar si se está sobreprotegiendo desde los 12 hasta los 18 años

Marque con una equis (X) SÍ o NO si usted como padre o cuidador presenta este comportamiento de las preguntas del test.

Preguntas	Si	No
1. ¿Ayuda a hacer las tareas a su hijo adolescente con alguna frecuencia? ¿Es decir, las hace usted?		
2. ¿Está constantemente direccionando al adolescente en el qué y el cómo hacer todo tipo de cosas?		
3. ¿Frecuentemente o en gran porcentaje le está advirtiendo al adolescente de peligros que ya le ha dicho y él ya lo sabe?		
4. ¿Cuándo el adolescente mayor de 12 años comete errores de cualquier índole, usted lo disculpa, lo justifica o hace cosas para desresponsabilizarlo de las consecuencias de sus errores?		
5. ¿En la adolescencia, cuando se dan más permisos y se debe permitir la socialización, usted no deja salir a su hijo por sus excesivos temores como padre?		
6. ¿Cuándo el adolecente presenta una dificultad, usted no permite que el joven plantee las posibles soluciones? o ¿siempre da usted las soluciones?		
7. ¿Cuándo su hijo ya sale a la calle a hacer sus actividades normales, usted muestra rostros de excesiva preocupación y lo llena de advertencias exageradas?		
8. ¿Usted o los adultos que cuidan al joven perciben o imaginan gran parte del tiempo al adolescente como indefenso, débil o incapaz, y lo llama al celular por todo?		
9. ¿Si usted es divorciado/a y por no tener la presencia de la mamá o el papá junto a su hijo percibe que el joven va a sufrir? o ¿que está sufriendo por ese motivo particular?		
10. ¿Usted no quiere que su hijo sufra lo que "usted sufrió" y por eso le quiere resolver los problemas cotidianos y le da excesivas comodidades y cosas?		

Interpretación del test

Si usted marcó **SÍ** a más de cuatro de los diez ítems, debe prestar atención porque está sobreprotegiendo.

Se aconseja estudiar y practicar los consejos o tips propuestos en los temas referentes a las preguntas en las que se respondió **SÍ**, en la sesión de consejos para prevenir la sobreprotección.

Consejos para dejar de sobreproteger en estas edades y lograr desarrollar la seguridad, confianza y autonomía adecuadas

- Lo más valioso que tiene un adolescente es la capacidad de adaptación y la creatividad. Esta se desarrolla en el tiempo y a medida en que se afronta la cotidianidad y se van resolviendo las situaciones estresantes o no tan estresantes.

- A un niño o adolescente se le debe dejar que por sus propios recursos psicológicos, físicos, destrezas y capacidad de oponerse a la dificultad, se enfrente a las situaciones cotidianas, mal llamadas "problemas".

- También es importante saber que se debe prestar apoyo al adolescente, en el momento en que los padres o cuidadores vean e identifiquen que realmente necesita mencionada ayuda. En este momento sus padres o adultos cercanos se la pueden brindar. De primer orden debe ser dar la instrucción con palabras o explicándole al adolescente cómo resolver esas situaciones. De cómo puede resolver algún reto o dificultad, y esta es la mejor manera de ayudarlo. Ya si se trata de algo que el niño, adolescente o joven no pueda por sus propios recursos ni por la manera de resolverla que usted le menciona. En ese momento puede usted apoyarlo resolviéndole el problema. Ejemplo: el joven tiene un problema con su compañero en el colegio y le cuenta el problema a usted. Dígale la mejor manera que a usted como padre le parezca que él puede resolver la dificultad. Si ya el joven intentó y no la pudo resolver, hable en el colegio para que sea resulto este problema. Este es un simple caso que usted puede comparar con una dificultad similar a la de un adolescente que tenga una situación por resolver en temas cotidianos que incluyen las relaciones interpersonales, entre otras.

• En estas etapas y hasta la adolescencia, incluso hasta los 18 años o más, continúe permitiendo que sus hijos se frustren, dígales que NO cuando haya que decirlo y cuando expresen sus sentimientos con llanto, permítales llorar. El llanto es una especie de tóxico que se libera ante emociones y estrés fuertes, tanto negativas como muy positivas. Cuando tenga problemas escúchelo y no le diga cosas como "no llores". Pregúntele primero cómo resolvería alguna dificultad y permítale que él proponga soluciones. Esto fortalece la seguridad, genera confianza y aumenta la autoeficacia del logro en los niños y adolescentes o jóvenes.

• Si su hijo demuestra que alguna actividad constructiva le gusta, apóyesela y foméntela; por ejemplo, si le interesa la pintura, algún deporte o actividad sana. De esta manera potencia esa fortaleza que el niño, adolescente o joven está mostrando y posiblemente esta se convierta en una profesión exitosa, una afición o actividad que le generará mucha satisfacción personal y bienestar.

• Responsabilícelo del arreglo de su cuarto, de su cuidado personal y de algunas cosas de la casa. Permítales que se aburran en la casa o el apartamento, que tengan momentos de soledad, déjeles sentir tristeza, ira, etc. Estas y otras emociones deben ser experimentadas por un niño o adolescente. Lo más importante es que pronto pasarán y ellos deben aprender que son, en alguna medida, parte de la vida real y de la cotidianidad. No pretenda que sus hijos o familiares, niño/as o adolescentes, deban estar felices a toda hora. Es un error de los adultos pensar así. Cuando los adolescentes o jóvenes se sientan alegres, contentos, entusiastas, con agrado, gozo, disfrute y hasta euforia, también permítaselos. Estos últimos así mismo generarán la sensación, y la experimentación de lo positivo. Esto es muy importante para desarrollar la seguridad, la confianza y el bienestar presente y futuro.

• Permítale conocer el amor, la admiración y el gusto por el género o sexo opuesto, así como la socialización normal de estas interacciones. Este es un aspecto valioso para comenzar a relacionarse con el género contrario y aprender a relacionarse sin inhibiciones y de una mejor manera. No le enseñe el amor dramático ni fomente las dependencias afectivas. Tampoco que el amor es algo para sufrir. Simplemente que una relación se puede terminar o seguir, y que es lo normal en las personas.

• Déjelo que socialice con los demás adolescentes o jóvenes, ya que estas relaciones son necesarias en esta edad. De esta manera, el adolescente desarrollará fortalezas, habilidades de afrontamiento, del disfrute, la expresión emocional, el comunicarse, el socializar y el aprender de la dificultad.

• Enséñele que primero son las responsabilidades y deberes y luego el placer y los premios, en todos los aspectos de la vida.

Permítale que se esfuerce, que se estrese; de esta manera se fortalecerá psicológica, emocional y físicamente.

• Menciónele que si tiene algún mal llamado "problema" o mejor dicho situaciones por resolver, todo tiene solución y que hay varias maneras de lograrlo. Apóyelo en una lluvia de ideas que ambos pueden aportar para resolver siempre alguna dificultad de cualquier orden.

• También está sobreprotegiendo si luego de los 12 años de edad, le da frecuentes y exageradas instrucciones al niño de cómo hacer las actividades cotidianas. Por ejemplo, tareas de casa, cuidarse en el colegio y corregirlo frecuentemente en demasiadas cosas. Lo anterior es sobreprotección porque el niño o menor está aprendiendo a desarrollar las habilidades de solución de problemas, de toma de decisiones, de crear alternativas y de ensayar por sus propios recursos psicológicos y sus fortalezas en desarrollo para afrontar los retos y las situaciones cotidianas, mal llamadas "problemas", y usted con este redireccionamiento e instrucción frecuente y excesiva le está enviando mensajes como "¡es difícil!", "¡no se puede!", "¡de pronto no puedes!", "¡necesitas mi ayuda!", "¡es peligroso!", "¡no lo hagas!", etc.

• También es un error creer que los adolescentes o jóvenes lo pueden lograr todo. A veces no pueden con algunos asuntos y es natural, por eso en este momento vendría bien la ayuda de los mayores.

Cuando un adolescente no tiene papá o mamá o es hijo único

Por diferentes razones, si su hijo no tiene un padre o una madre presente, su papá o mamá presenta problemas de consumo de sustancias psicoactivas, incluido el alcohol y tabaco, si está fallecido, si es una persona que tiene problemas emocionales, si usted lo considera un mal papá o una mala mamá, o que alguno de los dos simplemente no están comprometidos con la educación ni desean hacer presencia y acompañamiento a su hijo, es importante que ni usted ni sus familiares vean a este menor como indefenso o huérfano, que es un pobrecito en este mundo, que por no tener padre o madre, o en algunos casos a ninguno, su hijo o menor no pueda tener un desarrollo bueno y estable.

Esto es un grave error porque ustedes como padres o abuelos cuidadores, lo comienzan a tratar como indefenso huérfano y le empiezan a resolver todo y a tratarlo con lástima. Esto, por la supuesta tragedia de no tener un padre o una madre cerca, o la de que este niño o menor tenga presuntamente la mala suerte de tener un padre o una madre irresponsable.

Lo anterior, malinterpretado por los adultos, crea un gran daño a las capacidades reales del niño porque toda persona posee, tiene o desarrollará las capacidades de salir adelante con o sin padres. Ya hemos visto o conocido alguna vez una persona o una historia famosa como esta, pero sabemos que fueron personas que se adaptaron y, en muchos casos, estas personas huérfanas desarrollaron unas grandes habilidades y fortalezas. El gran problema está en lo que el/la niño/a escucha o ve estos temores irracionales o magnificados de sus adultos cercanos y padre o madre

37

soltera, quienes en algunos casos interpretan esto como algo "terrible". De esta manera el niño crece con una percepción de él mismo igual a la que ustedes le transmiten, lo cual genera un buen número de inseguridades así como sobreprotección, lo que impide con este mensaje erróneo que su hijo crezca y se desarrolle con pocas habilidades para afrontar el mundo y la vida tal cual es. Además, puede volverse un/a niño/a, adolescente y futuro adulto demasiado consentido y mimado, y realmente convertirse en un adolescente y adulto indefenso y con pocas fortalezas de afrontamiento.

Con los padres separados, padres ausentes presentes o definitivamente padres ausentes o fallecidos es importante que ninguno de los dos padres o familias de los padres intervengan en estas sobreprotecciones, esto porque se ha visto que los abuelos, tíos o tías sin hijas entran a percibir a estos menores y futuros adolescentes de manera equivocada y similar a los aspectos que hemos nombrado.

Si el niño o adolescente es hijo único

Tampoco lo perciba como que tiene un gran problema por esta razón. Por la modernidad algunas parejas o personas, papás o mamás adquieren este rol de tener hijos únicos. Hay que evitar mencionar que como es único, es muy difícil; que como es único, va a tener problemas; que como es único, va a sufrir de soledad; o que como no tiene hermanos, es raro o va a ser muy diferente a los demás. Tenga en cuenta que los mensajes enviados por adultos responsables de un/a niño/a o adolescente van a generar gran impacto en ellos; por lo tanto, comience a percibir a su hijo único como alguien normal, a quien esta condición no le va a afectar negativamente ni lo va a privilegiar. Y finalmente, que por ser hijo único puede desarrollarse en un futuro psicológica y emocionalmente estable.

Algo más sobre la sobreprotección

Desde la concepción es bueno saber que una vez el niño esté desarrollándose en el vientre, tenga seguridad que todo va a estar bien, que Dios y la vida le van a dar a usted y a este hijo lo necesario, así que evite tener temores exagerados en el embarazo. Recuerde que hay miedos que se transmiten en el mismo útero. Frases como "la vida me dio a este bebé y hoy confío en que la misma vida me va a dar lo que necesito para que él y nosotros seamos bendecidos" darán seguridad al bebé en el vientre y será un muy bien comienzo en la crianza. Hablamos de sobreprotección en estas edades entre los 0 y 5 y hasta los 12 años. Cuando están ustedes los adultos cercanos al menor, están imaginando peligros para su hijo en toda parte. Ya cuando el bebé nazca deben asegurarse de que el menor tenga los cuidados normales en lo referente a salud y espacios peligrosos. Las recomendaciones generales de los pediatras en el cuidado médico deber ser de especial atención y responsabilidad de ustedes como padres o cuidadores. De esta manera, van a estar ustedes seguros de los cuidados básicos y podrán aumentar su seguridad como adultos.

Si el/la niño/a comienza a gatear o a caminar y usted en todo momento le está mencionando la palabra "¡cuidado!" y lo retira del sitio, o si usted constantemente le está alcanzando cosas o acercándoles y colocándoles estos objetos, si usted lo lleva a un campo donde hay pasto y frecuentemente está pendiente de que el/la niño/a no vaya a tener contacto con una lombriz o algún insecto, o con el mismo césped y lo está cuidando permanentemente de que no le suceda nada en apariencia amenazante: lo está sobre protegiendo. Sumado a esto, si el/la niño/a ya comienza a querer resolver sus pequeños retos de alcanzar algún objeto, explorarlo, sacudirlo, botarlo y usted le instruye que no lo haga: lo estaría sobreprotegiendo. Si usted ve a su hijo indefenso y verbaliza mentalmente o en voz alta palabras como "pobrecito", "¿será que sí puede?", "no puedes hacer eso", "cuidado", "no", entre otras palabras, usted está enviando a su hijo o al niño que tenga a su cuidado, mensajes de peligros no reales y de inseguridad ante la normal exploración del medio.

En el caso de un adolescente luego de los 12 años de edad, el advertirlo casi constantemente de peligros exagerados o sobreadvertirle de todo, a toda hora: es seguir sobreprotegiendo. Por ejemplo, el/la niño/a hace deporte y por esta actividad usted como adulto está sobrepreocupado por alguna posible lesión y hace rostro de angustia, al niño le llegan a su memoria posibles mensajes de que el hacer deporte es de excesivo riesgo sin realmente serlo. Entonces permítale tomar decisiones así se equivoque, ya que el error es parte del aprendizaje. Si el riesgo de la decisión es muy elevado realmente, apóyelo en tomar la mejor decisión, mas no la tome por él.

Otro aspecto importante es el siguiente: sobreproteger es tratar de impedir que los menores luego de la adolescencia socialicen y vayan aprendiendo a sortear y resolver la etapa de socialización. En esta se van a enfrentar a críticas, posibles intentos de matoneo o *bullying*, retos, frustraciones cotidianas grandes o pequeñas. Menores competencias académicas o deportivas, y de defender sus derechos. Estas situaciones cotidianas son normales y necesarias y, lo más relevante, un/a niño/a debe aprender a resolverlas. Primero debe intentarlo con sus recursos y las fortalezas propias de su edad; y en el momento en que definitivamente no puedan resolverlas, ustedes como padres deben apoyar con unas instrucciones o con la ayuda del personal del colegio o de profesionales en psicología, si es necesario. Para terminar, recuerde que ayudar es: **hacer algo por otra persona, cuando la persona ya no pueda hacer por sus propios recursos.** Lo contrario sería sobreprotección.

Para evitar la sobreprotección de sus hijos luego de los 12 años, permita que ellos exploren, que aprendan a resolver sus dificultades físicas, emocionales, intelectuales e interpersonales. Siempre, que primero intenten ellos mismos y cuando usted ya sea como padre o cuidador identifique que el/la niño/a o el menor necesite ese apoyo, le debe dar la instrucción para apoyarlo y que el/la niño/a o menor lo pueda resolver. De esta manera, el/la niño/a o menor va a fortalecer sus habilidades, va a aprender y a verdaderamente desarrollar las capacidades para afrontar su cotidianidad. Las consecuencias de la sobreprotección son: baja autoestima, la dependencia insana de las demás personas e inseguridad y no desarrollo de fortalezas para la vida. Entonces permita que su hijo se equivoque, que resuelva sus problemas, que se frustre y que sea autónomo. Usted como padre o madre sobreprotector/a trabaje sus miedos exagerados, confíe más en la vida, identifique y diferencie sus miedos exagerados de los reales y permita crecer. Si usted como adulto presenta miedos no resueltos, consulte a un profesional.

Conclusiones

Es importante que si usted como padre o madre, o cuidador abuelo, etc., ha tenido que sufrir algunas experiencias dolorosas, superadas o no, no se las transmita a sus hijos o menores compensándolos con excesos ni transmita sus temores a ellos. Es mejor que un/a niño/a afronte la vida tal como es. Si usted como adulto tiene algún problema no resuelto con su pasado, asista a una terapia y resuélvalo. El desarrollo psicológico, físico y emocional, así como las habilidades para afrontar la vida, se aprenden mediante la experiencia.

Una historia de la vida real que les ayudará a sorprenderse respecto a la no sobreprotección

Conocí a una persona adulta con una parálisis cerebral con daño físico. En su nacimiento, un médico le dijo a la mamá que le comprara una caja de embolar cuando su hijo cumpliera 8 años porque solo serviría para ser "**embolador de zapatos**". La mamá nunca se resignó a esta idea y siempre envió mensajes a este niño en un sentido: "a pesar de esta parálisis cerebral, podría llevar una vida normal". De la misma forma, ni la mamá ni los hermanos lo miraron con lástima. No lo vieron como un niño impedido, a pesar de su limitación física. Hoy en día esta persona es un empresario muy exitoso que presta un gran servicio a miles de personas con problemas de parálisis cerebral y otras limitaciones físicas.

2. Permisividad

Casos reales y ejemplos de permisividad

Los nombres, las edades y algunas circunstancias de los actores de cada caso, se han cambiado para respetar el principio de confidencialidad.

Germán, de 21 años. Lo conocí en un centro de terapia. Desde pequeño tuvo comodidades económicas y unos papás muy permisivos y complacientes, no tenían límites en darle las mejores cosas de marca y en cantidades. En una sesión me comentó que le dieron llaves de su apartamento a los 6 años de edad, para simbolizar una responsabilidad. Él siempre estaba demandando una serie de objetos, regalos, viajes y recreación al extremo. Germán a los 15 años prácticamente experimentó una unión libre, en la que se le permitió irse a vivir con su novia y con un sueldo de sus padres y de sus suegros. Al mismo tiempo, consumían sustancias psicoactivas con su pareja y alcohol y cigarrillo de forma desbordada. Ante cualquier reproche, observación o corrección de sus padres, se convertía en un drama y una exagerada discusión familiar, que en el 80 % de las veces, Germán lograba obtener sus demandas. Además, se aprovechaba de sus parejas porque era infiel y las irrespetaba con palabras soeces. Los gestos ante las órdenes de sus papás eran de agresividad y de irrespeto, acompañados de demandas cínicas como las de exigir una especie de sueldo luego de no aprobar el ingreso en tres universidades y de terminar el bachillerato con tres años de retraso.

Mario y Yaneth, una pareja joven con una niña de 9 años. Desde pequeña le permiten a la niña dormir con los padres y hasta el día de hoy, a sus 9 años, cuando los papás han intentado decirle que ya no va a dormir más con ellos, ella hace un drama, argumenta falsamente miedos a fantasmas y llora, grita y se victimiza. Los papás acceden nuevamente a su capricho. Si a la niña no le compran algo que ella pide, con mucha frecuencia los regaña y les grita en cualquier lugar, hasta que los papás acceden. Esta chica no tiene hoy un límite en sus demandas y prácticamente es quien manda en la casa. Fue diagnosticada durante el embarazo de la mamá con una posible enfermedad física, lo cual generó en los papás y demás familiares mucha angustia. Sin embargo, el desenlace final fue que la niña nació sin este problema de salud. De esta manera, los papás recibieron esta noticia como un milagro y comenzaron a darle todo tipo de atenciones, de manera exagerada. La familia nunca le puso un límite y ahora es una niña que no soporta la frustración y está ocasionando muchos problemas de disciplina, berrinches y conflictos familiares. Esta chica no puede escuchar una negativa de sus padres ni que sus deseos no sean cumplidos. Tiene muy poca tolerancia a la frustración.

Alberto, de 25 años. Presenta conductas agresivas, consumo de alcohol y de algunas sustancias psicoactivas. Prácticamente se crio con su abuela, quien le permitió mucho al considerarlo huérfano de padres, ya que ellos atravesaron por una separación y tuvieron que entregarlo a la abuela por otros factores que no mencionaré. El caso es que este joven por su ausencia de límites resultó arriesgando su vida y teniendo conductas muy negativas. Los abuelos y tíos solteros sin hijos, en algunos casos, son permisivos. Este es un ejemplo más

44

de un/a niño/a y de jóvenes sin límites, con alcances de irrespeto a las normas, conductas antisociales, excesos, irrespeto a los demás, conductas en las cuales se aprovecha de los demás, lo cual terminó en unos problemas para toda la familia y, lo más preocupante, para él. Uno de sus últimos excesos fue una agresión de la cual fue víctima, por la cual estuvo varios días en un hospital.

¿Qué es la permisividad?

Viene de la palabra permitir, término que hace referencia a que los padres o cuidadores dejan siempre que los hijos lleven a cabo conductas poco sanas como el irrespeto a las normas o a que el/la niño/a o adolescente no haga las responsabilidades que le corresponden. No poner freno a la impulsividad exagerada, es decir la permisividad, se compara con niño/as y jóvenes sin límites.

¿Está usted siendo permisivo con un/a niño/a de 0 a 5 años?

De los 0 a los 5 años el permitir es bien diferente

Nota del autor: no habrá un test para esta edad de los 0 a los 5 años, debido a que el/la niño/a está en la etapa de explorar y entones hablar de permisividad no aplicaría.

En esta edad a un/a niño/a se le debe permitir libremente: jugar, dormir, llorar, explorar, ser espontáneo y todas sus conductas naturales, sin que de parte de los adultos exista inhibición de lo anteriormente mencionado ni restricción o disciplina.

La disciplina se debe enseñar luego de los 4 o 5 años, al ser esta la mejor edad para comenzar a desarrollar la responsabilidad y la autonomía. Antes de los 5 años sería un error empezar a exigir a un niño a ser responsable, debido a que el responsable de este disfrute de los 0 a los 5 años en los niños debe ser el adulto. Los primeros cinco años son "la edad de oro" del niño, en la cual si se le cuida debidamente, se asegurará un muy sano desarrollo emocional en él.

Permisividad de los 5 años hasta los 12 y los 18 o más

A continuación se mostrará un test de respuesta simple **SÍ** o **NO** para evaluar en los padres o cuidadores el concepto de educación citado en este libro. Tómese un buen tiempo para responderlo y para identificar sus pautas de educación permisiva.

Test para evaluar si los padres o cuidadores son permisivos con niños, adolescentes y jóvenes luego de los 5 a los 12 años y hasta los 18 o más

Marque con una equis (X) SÍ o NO, si usted como padre o cuidador presenta el comportamiento que describen las preguntas del test.

Preguntas	Si	No
1. ¿Usted permite que el/la niño/a, adolescente o joven no recoja sus pertenencias o sus cosas personales?		
2. ¿Usted deja que su hijo no haga las cosas porque le va a generar un esfuerzo, o que usted lo debe hacer para que su hijo no sufra?		
3. ¿Usted permite que su hijo no haga las tareas por pereza o por cansancio, o que no haga sus pequeñas responsabilidades?		
4. ¿Usted deja al niño, adolescente o joven que coma a horas que no son, le sirve la comida cuando él quiera y le permite que abuse de la tecnología?		
5. ¿Usted permite que su hijo, niño o adolescente, luego de los 5 años sea irrespetuoso, infiel con su pareja o que tenga comportamientos sexuales desbordados?		
6. ¿Usted deja que su hijo tenga conductas impulsivas como fumar cigarrillo, ingerir alcohol o sustancias ilegales y cometa errores sin que usted le corrija y le siente un precedente y un límite firme?		
7. ¿Usted permite que el/la niño/a o adolescente no asuma las consecuencias negativas de decisiones y para usted es normal esto, sin hacerle ver la falla?		
8. ¿Usted y su pareja, u otros cuidadores de su hijo/a, le permiten al niño o adolescente que evite las responsabilidades de su vida cotidiana?		
9. ¿Usted deja al niño o adolescente que primero disfrute de los placeres y que luego lleve a cabo y cumpla con los deberes?		
10. ¿Usted le permite a su hijo pataletas sin sentido, rabietas que inspiran lástima o muestran falsa debilidad y se le accede por estos medios al adolescente cuando se le solicitan responsabilidades cotidianas?		

Interpretación del test

Si usted marcó **SÍ** a más de cuatro de los diez ítems, debe prestar atención porque está siendo permisivo.

Se aconseja estudiar y practicar los consejos propuestos en los temas referentes a las preguntas en las que se respondió **SÍ**, en la sesión de consejos o tips para prevenir la permisividad.

Consejos para dejar de ser permisivos con los/as niños/as de 5 a 12 años hasta los 18 o más, y así fomentar unas normas y acuerdos saludables y recíprocos

* Los padres, educadores o cuidadores deben ser buenos modelos para sus hijos y dar ejemplo en el tema de la responsabilidad y los buenos hábitos. Si usted le prohíbe a un niño o adolescente fumar, consumir alcohol o comer saludablemente sin tanto azúcar, pero usted como padre lo hace, tenga cuidado porque el niño o joven va a prestar más atención a lo que ve, que a lo que usted le prohíbe con palabras y no con hechos.

* En el caso de que un/a niño/a, adolescente o joven presente conductas sexuales desbordadas como ver pornografía, tener u ocultar posibles encuentros homosexuales en la adolescencia o sobrepasarse con las personas adolescentes o adultas del sexo opuesto, hay que sentar un precedente en el/la niño/a, adolescente o joven. Sabemos que el internet ha facilitado el acceso a la sexualidad prematura, desbordada y mal dirigida, por lo cual no dude en buscar ayuda profesional psicológica. Hay que prevenir las distorsiones en la educación sexual. Las pedofilias, como muchas otras parafilias o

adiciones al sexo, se generan en la adolescencia. Sumado a esto, vigile los posibles abusos sexuales en los menores de edad.

• Enseñe gradualmente a que primero el/la niño/a o adolescente debe llevar a cabo sus deberes y responsabilidades respecto al orden de sus pertenencias o hacer las tareas, y luego sí puede recrearse o descansar. Así aprenderá un buen orden para su futuro y se formará para una vida responsable y con autonomía.

• Cuando su hijo esté cansado o se identifique pereza en él para hacer alguna responsabilidad, no le permita aplazar la actividad: motívelo a comenzar y luego de realizarla dele descanso y explíquele que ya puede hacer lo que él desee. Hasta que no lleve cabo la responsabilidad, no le permita el descanso ni la actividad placentera. Y lo más importante, sea constante con este principio que debe ser algo permanente y no de momentos. Recuerde que la intermitencia o inconstancia generan más desorden.

• Enseñe, explique y fomente a los/as niños/as o adolescentes lo que significa la **reciprocidad,** es decir, que ellos comiencen a entender que ustedes les dan afecto, protección, compañía, respeto, apoyo, recursos materiales y educación, y que ellos como niños o adolescentes deben responder brindando compañía, afecto, orden, cooperación en la casa o apartamento, respeto y valoración, agradecimiento y amor, etc. En conclusión es enseñar y practicar la relación del dar y recibir justamente y con equilibrio. Ustedes como padres o formadores deben aprender y practicar también este principio de reciprocidad para sus vidas de adultos.

49

• Evite ambientes permisivos, ya que estos predisponen a la irresponsabilidad, la impulsividad, el poco respeto por los demás, involucrarse en conductas negativas y el irrespeto de las normas sociales, lo cual genera una adolescencia y adultez con consecuencias negativas. Felicitarle actos de irrespeto, infidelidad, maltrato a otro/a niño/a, violencia o deshonestidades es permitir conductas negativas que van moldeándose hasta volver a un/a niño/a o joven sin límites y un posible depredador y antisocial.

• No favorezca ni normalice el uso de cigarrillo, alcohol y otras sustancias antes de los 18 años ya que el cerebro de las personas se está formando y esto afectará su desarrollo psicológico y emocional de manera importante. No quiero decir que luego de los 18 años lo puedan hacer porque todo tipo de sustancias que alteren la mente y el estado de ánimo son autodestructivas. Ante el consumo de estas sustancias siente precedentes, busque ayuda profesional especializada y no permita que el problema avance sin hacer nada. No piense erróneamente que esto se va a resolver solo. La adicción es un problema progresivo y mortal del que se es fácil entrar, pero muy difícil salir.

• Cuando los comportamientos de un menor o joven sean de respeto, buenas acciones hacia los demás, cuando sea ordenado y cumpla con sus pequeñas responsabilidades, refuerce las conductas positivas, valide, apruebe, elogie, al niño, adolecente o joven. Lo anterior sin llegar a la adulación ni a la exageración. Tenga este principio presente.

• Cuando el/la niño/a o adolescente cometa un error o una falta en su actuar cotidiano, evite justificarlo y lleve a cabo una acción inmediata respecto a las consecuencias de sus actos negativos. Esta consecuencia debe compensar proporcionalmente su falla: si es pedir disculpas, que lo haga; si es para pagar algo económico, que de sus onces o mesada lo complete, de esta manera usted lo va a educar con el principio del asumir las consecuencias de sus actos.

- Por ejemplo, si el/la niño/a o joven agrede física o psicológicamente a un compañero, usted como padre debe atender este evento solicitando que el niño o joven se disculpe y haciendo un acuerdo con él de no llevar a cabo esas conductas. Si el daño fue físico o rompió algún objeto ajeno, la consecuencia lógica es que de sus onces o mesada pague el objeto que averió. Lo anterior, seguido de la explicación del porqué no debe comportarse así. Otra manera es saber decir "NO" cuando es necesario con gestos neutros y firmeza y luego explicar sobre las normas, los acuerdos sociales y los límites que hay que tener para la convivencia.

- Cuando el niño o joven sea irrespetuoso o transgreda alguna norma social o irrespete a un compañero o a una persona cualquiera, no lo maltrate, no lo regañe ni le haga gestos de desaprobación, esto no es necesario. Simplemente siente un precedente: explíquele el cómo debe hacerlo de mejor manera. También puede hacer que enmiende su falla con una acción proporcional a esta. Luego que el niño o joven haga esta enmienda, refuerce mediante la validación, el agradecimiento, la aprobación, el reconocimiento y la felicitación de las nuevas conductas saludables y enmiendas. Explíquele que hay que asumir la falla y los errores, el respeto y acato de las normas sociales y demás aspectos. Por ejemplo dígale: "Hijo, te vi muy bien cuando pediste disculpas".

- En el evento en que el/la niño/a o adolescente mayor de 5 años haga berrinches o pataletas extremas para obtener algo que es inoportuno dárselo, no acceda a este berrinche. Mejor explíquele por qué no es el momento y deje que se le pase la rabieta para luego de una media o una hora, aproximadamente, decirle calmadamente el por qué y que esta no es la manera de solicitarlo. Luego se podrá negociar la solicitud desde la calma.

- Uso indebido de la tecnología. Este tema es bien importante. El uso de la tecnología mediante tabletas, Smartphone, computadores de escritorio y portátiles, videojuegos o televisión por cable es necesario; sin embargo, más de tres hora diarias no es conveniente. Las adicciones a la tecnología deben ser de especial atención por parte de los padres, educadores o cuidadores. Si bien no se trata de satanizarla, es útil y realmente los niños, jóvenes y adultos se benefician de la tecnología, también impide la socialización y el afrontar el mundo tridimensional de forma normal.

- Si usted se considera un papá moderno o una especie de amigo de su hijo, y por esta razón es como una especie de cómplice que fomenta conductas negativas, debe tener cuidado. Los papás siempre deben estar formando, observando y enderezando comportamientos. No se pueden cansar. Conozco en consulta papás que usan sustancias psicoactivas y no lo perciben como un riesgo para sus hijos. Otros, al saber que sus hijos usan drogas o están en la delincuencia, creen erróneamente que son cosas de la edad y que se van a resolver solo con el tiempo, y no es verdad. Cuando un joven tiene estos problemas de comportamiento u otros problemas similares, los padres o formadores deben estar atentos de sentar precedentes, buscar la ayuda profesional de inmediato y también cuestionarse sus propios comportamientos como padres.

Algo más sobre la permisividad

La permisividad debe cambiar en la edad de los 4 o 5 años en adelante. Se es permisivo si los padres permiten que primero se disfruten los placeres como jugar, dormir, ver televisión o usar la tecnología sin antes haber cumplido con los pequeños deberes de un/a niño/a de esta edad como hacer tareas, arreglar su cuarto, recoger sus pequeños o grandes desórdenes y bañarse, entre otras responsabilidades. Permitir es dejar de poner límites de una manera funcional y acceder a irrespetos e incumplimiento de acuerdos de convivencia. Permisivo es si el/la niño/a o adolescente es impulsivo y no se le pone un límite adecuado y a tiempo, o acceder a pataletas desbordadas de un/a niño/a para que obtenga algo caprichosamente. Además es importante saber que el mal ejemplo que se da en esta edad por parte de los padres o adultos cercanos, sirve como modelo negativo para imitar. Estos adultos o incluso otros niños o adolescentes que pueden ser parte del entorno, presentan conductas irresponsables como consumo de alcohol, tabaco o sustancias psicoactivas, deshonestidad, comercio de sustancias ilegales, mentiras, agresividad, ausencia de límites o de respeto por las normas sociales, o irrespeto a la pareja, las amistades, los conocidos u otros miembros de la familia por parte de los padres o educadores. De igual forma, mantenga al menor o joven en contextos saludables y no le dé malos ejemplos. Permitir el irrespeto a las normas sociales, el bullying al grupo depares o a los horarios, no hacer las responsabilidades o la burla y crítica del otro, genera que un/a niño/a o adolescente no perciba que hay un límite sano para cada cosa. Esto puede generar involucrarse en conductas negativas en un futuro y que no perciba el riesgo además de no tener la capacidad de discriminar el límite adecuado y justo.

Conclusiones

El permitir más de lo que se debe o lo justo, genera un posible y futuro depredador: alguien sin límites, sin escrúpulos en el área interpersonal y con poca capacidad de controlar los impulsos. Así, el sentido de la responsabilidad no va a desarrollarse de una buena manera y se hará lo que se quiere. Serán niño/as, jóvenes adolescentes o futuros adultos orientados al placer por placer y a la búsqueda de la satisfacción personal por encima de las demás personas. Esto va a traerle a este/a niño/a o futuro adulto, tarde o temprano, consecuencias no favorables tanto a él como a las personas que comparten con él.

3. Endiosamiento

Casos reales y ejemplos de endiosamiento

Los nombres, las edades y algunas circunstancias de los actores de cada caso, se han cambiado para respetar el principio de confidencialidad.

Ana, de 25 años. Viene a consulta por un problema de alimentación y porque no soporta ninguna dificultad cotidiana de la vida. Desde pequeña fue una niña físicamente bonita y con cualidades. Por otra parte, Luego de la separación los padres, ellos comenzaron una

54

carrera de darle gusto en todo y seguir endiosándola para que ella no sufriera "supuestamente" por esa separación. En el mismo sentido, sus tías y abuela le decían que era muy bonita y que era la mejor en todo, y si bien coincidían buen número de esos calificativos, ella comenzó a creérselo más de la cuenta. En consecuencia, la excesiva admiración y los halagos a su físico y a sus cualidades se desbordaron. Luego de unos años, su mamá consiguió otra pareja, y tuvo un segundo hijo, Evento que Ana interpreto erróneamente como una traición a ella por parte de su mamá, y sumado al endiosamiento, no se adaptó a este evento complicándose más su problemática. Por otro lado, Ana en su época de colegio, se comparaba con otras adolescentes también atractivas y no soportaba sentirse "imaginariamente" más fea que ellas, acá comenzó su problema alimenticio y ahí comenzó a adelgazarse para ser la "más" atractiva que todas. Hoy a sus 25 años presenta muy bajo peso, dos hospitalizaciones, ha consumido sustancias, es totalmente intolerante al malestar, no soporta el rechazo ni terminación de relación de pareja, y mucho menos las críticas o las observaciones de sus malos hábitos. Lo anterior, porque ella cree erróneamente que es omnipotente súper especial, siendo esto falso. Ana debe percibirse como una joven con problemas normales. Este es otro ejemplo del desbordamiento en la admiración a un hijo.

Óscar, de 48 años. Es odontólogo con especialización. El motivo por el cual llega a consulta es que ha salido de un centro de tratamiento por el consumo de sustancias psicoactivas. Llega argumentando que lo maltrataron en ese sitio y que su mamá, quien lo acompaña, no lo entiende. Su historia presenta un divorcio y el hábito de consumir drogas lo adquiere a los 35 años aproximadamente, lo cual precipitó la separación de su pareja. Luego de repetidas consultas mi diagnóstico es una personalidad narcisista que se caracteriza por un ego sobredimensionado de él mismo. Ante las dificultades presenta baja tolerancia a la frustración, cuando tiene logros se vuelve creído y habla mal de todo el mundo, y cuando tiene fracasos se deprime, descalifica y maltrata a las parejas, a sus familiares, conocidos o a otras personas porque se cree con este derecho. Cuando indago sobre su infancia y adolescencia encuentro una mamá que siempre le dijo que era el niño más hermoso del mundo y le tenía una excesiva admiración y amor. Además le solucionó algunas de sus dificultades y lo endiosó. El anterior es un ejemplo de cómo el exagerar sobre las cualidades físicas, las destrezas y la excesiva admiración, lleva a una persona a sobredimensionarse y a generar una serie de problemas en su vida y en la de quienes lo rodean. Este consultante está consumiendo sustancias psicoactivas y alcohol, presenta depresión, está sin trabajo y sin pareja, vive en un apartamento que su familia le dio y las deudas lo agobian. Y lo peor de todo es que ha pasado por cuatro tratamientos para superar su problema de narcisismo y consumo de tales sustancias, sin lograr el cambio. Lo anterior debido a los mensajes de omnipotencia que su madre y su abuela le instauraron en su mente desde pequeño.

Es claro que este consultante era un niño atractivo, inteligente y como todo menor con posibilidad de éxito en la vida, pero su mamá exageró esta condición a tal punto de crear un esquema mental de omnipotencia y grandiosidad. Regular su ego y lograr equilibrar sus capacidades, con sus aspectos por mejorar, será el objetivo de este paciente.

Laura, de 7 años. Es una paciente que la mamá me lleva a consulta debido a sus desbordes en exigir, demandar, no querer hacer sus tareas, desobedecer a los profesores y dar órdenes en tono alto a sus papás, abuelos, amigos y a su hermano de 15 años. Realmente es un drama el de esta familia que hace caso a todas las demandas de Laura. En la misma consulta riega una bebida en el piso y no le importa, a pesar de las observaciones de su mamá. En la historia de esta chica se identifica un abuelo que le permite que en la fábrica de él, donde la chica permanecía luego del colegio, le dieran gusto en todo, que no hiciera las tareas, que comiera cuando quería y la obvia admiración y el consentimiento exagerado de muchos empleados de esta empresa donde la niña permanecía. Esta niña fue alabada en exceso por los abuelos y empleados. Su abuelo era el que ponía gran parte de la plata que la familia de esta chica gastaba en ella, ya que a él le había fallecido un hijo de una enfermedad y por lo tanto compensaba está perdida dando a su nieta todo tipo de privilegios, cosas materiales y halagos con demasiado gusto y endiosamiento. Por lo anterior y sumado a que el papá de la niña trabaja demasiado y ante la observación de la esposa en solicitarle que comparta más tiempo con ellos, él le dice que "de malas, hay que trabajar", por lo cual se complican las cosas. Se ha logrado cambios en este caso de manera gradual, con el compromiso de los padres.

¿Qué es el endiosamiento?

La palabra endiosar hace referencia al ego desbordado de un/a niño/a, adolescente o joven. Es sinónimo de orgullo, altivez extrema, engrandecer, divinizar o admirar con exceso. Por sí solo, un niño es el centro de atención de sus adultos y es especial. Por esta razón, no

57

es necesario que estos adultos cercanos lo enaltezcan más de lo que hay que admirarlo, además de lo especial que ya es. El endiosamiento es nocivo y deforma el ego, la autoestima y el autoconcepto del niño, adolescente y futuro adulto. Todas las personas poseen valores y fortalezas, y hay gran variedad tanto de personas como de egos. **Por último, es importante saber qué;** no se es, sino lo que se es y listo. Algo importante es continuar progresando y evolucionando en todas las áreas de ajuste de las personas, pero con humildad, al ser esta sinónimo de virtud y no como algunas personas piensan que la humildad es un defecto. Conozco personas millonarias humildes y pobres poco humildes.

Endiosamiento de los 0 a los 5 años hasta los 12 años

A continuación se mostrará un test de respuesta simple **SÍ** o **NO**, para evaluar en los padres o cuidadores el concepto de educación citado en este libro. Tómese un buen tiempo para responderlo y para identificar sus pautas de educación.

Test para evaluar si los padres o cuidadores están endiosando a los niños de los 0 a los 5 y hasta los 12 años

Marque con una equis (**X**) **SÍ** o **NO** si usted como padre o cuidador presenta el comportamiento que describen las preguntas del test.

Preguntas	Si	No
1. ¿Menciona usted a la mayoría de la gente cercana que el niño es el más lindo de todos, el más capaz y el tesoro de la familia?		
2. ¿Constantemente le está halagando en exceso y le menciona al niño que es el más y que va ser el mejor, de manera exagerada y con bastante frecuencia?		
3. ¿Lo mima demasiado y la mayor parte del tiempo, y lo admira en exceso por su aspecto físico, cosas comunes y logros normales de su desarrollo?		
4. ¿Le da usted gusto constantemente a su hijo con cosas materiales, mimos, alabanzas, ropa en exceso e idolatría exagerada?		
5. ¿Usted como padre o como cuidador de este menor lo percibe a futuro como lo más grande y el más exitoso del mundo, de manera exagerada?		
6. ¿Para que su hijo sea mejor que usted y tenga una buena autoestima, usted lo alaba y le dice que es el mejor o que lo va a ser, o que es una persona superespecial?		
7. ¿Usted como padre, madre o cuidador del niño cree que su niño/a siempre debe estar feliz y contento/a y que no debe sentir malestar emocional?		
8. ¿Refuerza y permite usted las conductas arrogantes de su hijo/a hacia los demás?		
9. ¿La mayoría de familiares y usted como padre o cuidador celebran conductas creídas y de altivez del niño?		
10. ¿Usted exagera y menciona a los demás los logros y las acciones normales del niño, cuando realmente no son tan grandes?		

59

Interpretación del test

Si usted marcó **SÍ** a más de cuatro de los diez ítems, debe prestar atención porque está endiosando.

Se aconseja estudiar y practicar los consejos propuestos en los temas referentes a las preguntas en las que se respondió **SÍ**, en la sesión de tips para prevenir el endiosamiento.

Consejos para prevenir y dejar de endiosar a los niños de 0 a 5 años y hasta los 12, y cultivar una autoestima y una autovaloración justas y positivas

• Si usted desde los primeros 0 a 5 años y hasta los 12 comienza a endiosar a los hijos, puede empezar a deformarles el ego. Esto significa que el/la niño/a y futuro adolescente o adulto pueda empezar a percibirse más valioso de lo que es o, en efecto contrario, se perciba menos valioso cuando sus acciones no alcancen las expectativas que los papás por el endiosamiento le hacen creer.

• No significa que los padres o cuidadores no admiren a los niños, y que por ejemplo no le digan a la niña que es bonita o que es guapo el niño, que los mimen, los consientan y los vean como miembros especiales de la familia. Sin embargo, los excesos nunca son buenos y se debe tener en cuenta que es otro ser humano más. Es mejor que un niño o joven sea valorado en su medida justa, para que de esta manera realmente pueda desarrollar sus fortalezas y valores reales. En otro sentido, lo que quiero explicar en este párrafo es que los padres a veces ven a sus hijos como más de lo que verdaderamente son y olvidan que los hijos van a tener vida propia y que pueden fomentar una autoestima estable y sin excesos.

- Las personas desde cuando nacemos somos únicas, valiosas, especiales y admirables. Pero sencillamente no somos más ni menos de lo que significamos en realidad para nosotros mismos y para los demás. Por lo tanto, procure no exagerar diciendo estos calificativos: "eres el hijo más lindo del mundo", "el más bonito del colegio", "el mejor de todos" o que lo va a ser, o que lo tiene que ser. Alagar, admirar y mencionar calificativos positivos es muy bueno, pero sin excesos. Si realmente el niño es el mejor en algo, él lo va a saber y esta situación lo va a hacer sentir bien, sin tantas alabanzas.

- Si su hijo/a es muy atractivo/a físicamente, recuerde que eso es muy valioso, pero no endiose este atributo para que esto no sea un todo ni para él ni para los familiares y amigos. Es importante enseñar a este niño, adolescente o joven que existen unos valores adicionales al atributo físico y se pueden descubrir y fomentar. De esta manera, se educará para una integridad y no por un atributo físico.

- Otra manera no tan adecuada de darle gusto a un niño puede ser decirle: "puedes pedir lo que quieras, hacer lo que desees y nadie te puede decir nunca que no". Lo anterior sería algo exagerado y va a generar en el niño sentimientos de omnipotencia. Por otro lado, sabemos que si bien una persona puede ser exitosa, la omnipotencia es imposible y todas las personas tienen límites.

- Resolverle absolutamente todo como si el/la niño/a o adolescente fuera un pequeño emperador, no es bueno. Esto facilitaría que el niño perciba que los demás tienen que resolverle todo en su vida. Acá algunos ejemplos: limpiarlo a toda hora por una pequeña mancha de comida o engrandecerlo constantemente por logros normales, es sinónimo de endiosar. Hay que permitir la cotidianidad sin extremos y que el/la niño/a se comience a esforzar para afrontar las dificultades y vivencias cotidianas.

• Los niños desde los primeros 5 años muestran habilidades en diferentes campos, como el canto, el deporte, el arte y las matemática, entre otras. De la misma forma, estos son verdaderos indicadores de éxito y fomentárselos sería muy importante para el menor. Estas verdaderas cualidades se deben seguir apoyando para el mejoramiento constante. Lo anterior sin endiosar, pero si con admiración y aprobación de una forma justa. De esta manera, se cultiva una verdadera autoestima basada en fortalezas reales y sin la altivez.

• Se debe tener regulación con esto. Una sana autoestima se construye mediante los logros y el reconocimiento de las fortalezas y los valores, de manera individual. Así mismo, mediante la validación, la aprobación, la felicitación y las demostraciones de afecto y admiración justa de los padres o cuidadores, de la persona tal cual como es y proporcional a sus logros.

• Tenga cuidado de mencionar que tiene que ser o que es el más exitoso, el mejor o el más atractivo físicamente. No lo compare con los demás ni le haga entender que los demás están por debajo de él, así lo dicho no sea tan verdad, sino más bien el anhelo de los padres o cuidadores.

• Tenga en cuenta que las críticas constantes o las descalificaciones permanentes tampoco son buenas alternativas de formación de una autoestima estable. Algunos padres creen que al hacer esto, el/la niño/a va a hacer las cosas mejor, pero no es una buena manera de lograr que mejore en algún aspecto. Las validaciones, la aprobación, el agradecimiento, la felicitación y las demostraciones de afecto son las mejores maneras de lograr una autoestima estable. En el capítulo sobre el maltrato se hablará de este tema.

- A los niños es importante permitirles las emociones negativas como la frustración, el aburrimiento, la tristeza, la ansiedad, etc. No está bien que de manera casi permanente le den de todo al niño o que le resuelven todo para verlo feliz y contento. El pretender que un niño esté estable a toda hora es una utopía y las emociones negativas se pueden sentir. Sabemos que son parte de la cotidianidad y que pronto se les pasará.

- Llenarlos de halagos permanentemente o de cosas materiales de manera excesiva no es tan sano. Solo se va a lograr con esto que el niño se vuelva un sobremerecedor. Seguramente va a desarrollar la creencia de merecer demasiado y que en un presente o futuro cercano, si no le dan de nuevo estos frecuentes y exagerados bienes y privilegios, no lo están queriendo admirando y respetando. Por lo tanto, se va moldeando un pequeño emperador e insatisfecho y demandante niño.

- Los halagos, las validaciones, las caricias, los consentimientos y las demostraciones de afecto son muy buenos educadores de la autoestima y autovaloración en los niños. De la misma forma, se debe tener en cuenta que en su justa medida y sin excesos se logrará una autoestima estable.

Endiosamiento luego de los 12 años hasta los 18 o más

A continuación se mostrará un test de respuesta simple **SÍ** o **NO** para evaluar en los padres o cuidadores el concepto de educación citado en este libro. Tómese un buen tiempo para responderlo y para identificar sus pautas de educación.

Test para evaluar si los padres o cuidadores están endiosando a los adolescentes y jóvenes, luego de los 12 años hasta los 18 o más

Marque con una equis (**X**) **SÍ** o **NO** si usted como padre o cuidador presenta el comportamiento descrito en las preguntas del test.

Preguntas	Si	No
1. ¿En la niñez y posterior adolescencia felicita excesivamente a su hijo por destrezas que en verdad no están tan desarrollados en él?		
2. ¿Constantemente lo está halagando, así no esté haciendo las cosas bien?		
3. ¿Le permite que se crea mejor que los demás y que sea muy creído y arrogante?		
4. ¿Le admira a su hijo y le refuerza que si gana en algún aspecto o si sobresale, descalifique a los demás o vea por debajo del hombro al que no logró hacerlo bien?		
5. ¿Usted como madre, papá o cuidador de este menor, lo percibe como que va a ser lo más grande y el más exitoso del mundo, de manera exagerada?		
6. ¿Para que su hijo sea mejor que usted y tenga una buena autoestima, usted lo alaba y le dice que es el mejor, o que lo va a ser, o que es una persona "súper, superespecial"?		
7. ¿Usted crítica a su hijo o lo descalifica constantemente por hacer algo mal y le exige al mismo tiempo que eso no se debe permitir?		
8. ¿Sobreestima usted como madre, padre o cuidador cualidades o fortalezas de el/la niño/a o adolescente, cuando verdaderamente no merece este calificativo?		
9. ¿Refuerza usted como madre, padre o cuidador conductas arrogantes o de subestimar a los demás cuando el niño o adolescente lo hace?		
10. ¿Admira usted a su hijo/a de manera excesiva o los demás familiares lo/a endiosan por ser atractivo/a o tener alguna cualidad especial, de manera excesiva?		

Interpretación del test

Si usted marcó **SÍ** a más de cuatro de los diez ítems, debe prestar atención porque está endiosando.

Se aconseja estudiar y practicar los tips propuestos en los temas referentes a las preguntas en las que se respondió **SÍ**, en la sesión de consejos para prevenir el endiosamiento.

Consejos para prevenir y corregir el endiosamiento luego de los 12 años hasta los 18 o más, y cultivar una autoestima, un autoconcepto y una autoimagen positivas y sanas

• No continuar dando de todo por cualquier razón, comprar juguetes de forma exagerada o seguir diciéndoles a los adolescentes que por cualquier cosa cotidiana que hagan son los supermejores o que el trabajo que hicieron fue el mejor de todos, así lo sea o no lo sea, o decirle constantemente que es un rey o un príncipe. Celebrar de manera exagerada cualquier logro normal de un/a niño/a es maleducar y endiosar.

• Luego de los 12 años endiosar es una mala opción. Esto sería hacerle creer al niño o menor que él es superior, que va a tener capacidades muy especiales, que va a poder con todo en la vida, que va a tener derecho de poder lograr todos sus caprichos o que es muy importante que lo deben admirar por ser único. **Si bien el adolescente o joven** tiene sin duda muchas cualidades, hay que enseñarle el arte de la sencillez y la sana competencia con él mismo.

66

• Hay que evitar, en buena medida, permitirle al menor, joven o adolescente, que tenga permisos a toda hora y que tenga privilegios sin haber hecho esfuerzos para obtenerlos, o que a pesar de llevar a cabo conductas negativas, ustedes como educadores lo disculpen constantemente y pasen por alto acciones en las cuales deberían sentar precedentes y poner límites.

• Sabemos que la vida es de resolver asuntos cotidianos, alcanzar logros, sentir la felicidad y alegría, como también de experimentar frustraciones y situaciones de todo tipo y niveles de dificultad. Sin embargo, si se endiosa a un/a niño/a no se le está enseñando que él/ella tiene capacidades que son únicas y que tiene atributos físicos, destrezas y fortalezas. Es algo muy importante en la medida en que aprenda a resolver sus asuntos cotidianos y no haciéndole creer que todo se hace por arte de magia.

• Es necesario que el niño sepa que es diferente, que es importante, que es hábil, que es inteligente, que es atractivo físicamente, que es valioso y que ustedes lo aman. Se le deben mencionar sus atributos, fortalezas y cualidades, pero dentro de sus alcances y logros reales, en vez de alabar y sobredimensionar un logro o engrandecer exageradamente al menor por un logro a medias. O en el peor de los casos, aunque no tenga ciertas cualidades, decirle que sí las tiene.

• Enseñe, explique y fomente a los/as niños/as o adolescentes lo que significa la *reciprocidad,* es decir, que ellos comiencen a entender que ustedes le dan afecto, protección, compañía, respeto, apoyo, recursos materiales y educación. Sobre esta base, que ellos como niños o adolescentes deben brindar también compañía, afecto, orden, cooperación en la casa o apartamento, respeto, etc. En conclusión, es enseñar y practicar la relación del dar y el recibir justamente. Así lograrán sentirse bien al dar y también al recibir.

• Es poder mencionarles las fortalezas reales, sin compararlos con otros y en la medida en que tienen comportamientos y acciones acertadas que les permiten madurar y percibirse como capaces de lograr cosas por sus propios esfuerzos. También es importante darles regalos, ropa, juguetes, reconocimiento y admiración, pero sin excesos, como demostraciones de afecto, comodidad y disfrute, aunque los extremos son siempre negativos. Si hay dinero para darles gusto, se debe hacer siempre y cuando existan comportamientos saludables y acciones favorables para todos.

Algo más sobre el endiosamiento

El endiosamiento genera frustraciones, egos desbordados, sentimientos y creencias de grandiosidad descomedidas e irreales. También, conductas arrogantes, dificultades sociales, desprecio por los demás y lo que vemos en algunos pequeños o adolescentes y por qué no mencionar los adultos narcisistas, este desorden es bastante difícil de tratar en la adultez. Yo lo llamo el síndrome del pequeño emperador. En un futuro el endiosamiento resulta en problemas interpersonales, envidias, frustraciones, poca tolerancia a la frustración, etc. Así mismo conozco personas arrogantes con éxito económico en la vida, a quienes su mismo ego los dispara en éxitos; sin embargo, con gran malestar emocional. Lo ideal es una autoestima y un bienestar emocional saludables y ojala con éxito.

Conclusiones

La autoestima debe ser regulada a las capacidades y fortalezas verdaderas de las personas. Los valores, las cualidades, el éxito, las fortalezas son posibles, y un orgullo sano y justo debe ser la meta de todas las personas, pero siempre sin desborde como los que he mencionado en este aspecto de la mala educación. Conozco personas muy exitosas en sus vidas, con una autoestima estable y una sencillez admirable.

4. Sobreestimulación

Casos reales y ejemplos de sobreestimulación

Los nombres, las edades y algunas circunstancias de los actores de cada caso, se han cambiado para respetar el principio de confidencialidad.

Camilo, de 36 años. Lo conocí en un centro de tratamiento para resolver su problema de adicción al sexo y a las sustancias psicoactivas. Él resultó ser el hijo de una relación sentimental oculta que su papá mantuvo con una mujer casada de un estrato social alto. Ella terminó embarazada y por evitar el escándalo social decidieron que al nacer, Camilo iba a vivir con el papá para resolver las posibles consecuencias sociales de este hecho. Camilo se convirtió en el medio hermano menor de una familia con un nivel económico muy alto conformada por tres hermanos, más la esposa del papá (la mamá de los tres medio hermanos). Debido a esta "novela", los hermanos comenzaron a percibir a Camilo como una especie de bastardo, intruso y resultado de la infidelidad de su padre. De esta manera, fue rechazado desde su infancia de una forma indirecta o sutil directa, como diría yo. El papá siempre sobreprotegió a Camilo de sus otros familiares y desde pequeño le dio muchas cosas materiales como ropa y juguetes, atenciones de todo tipo y cursos, demostrando su amor hacia él con dinero y comodidades. Fue cuidado por nanas en una especie de palacio. Incluso hasta su adolescencia, y aún en la adultez, Camilo sentía un vacío en su vida y nada de lo que su padre le daba lo llenaba. Su inconformidad crónica era permanente y a pesar de tenerlo todo, no se estimulaba sino "aparentemente con sexo desbordado y con el consumo de sustancias psicoactivas" para intentar llenar de esta supuesta manera su vacío crónico, pero obviamente dejando más y más vacíos en su vida.

Juan, de 23 años. Caso que conocí en otro centro de tratamiento de adicciones. A Juan desde cuando tenía 6 años, y por ser hijo único, sus papás le daban todo tipo de ropa de marca, juguetes, permisos, viajes, libertad. Lo inscribían a cualquier curso o actividad deportiva, y prácticamente no le dejaban espacio libre en ningún momento, bajo el argumento de que andar a toda hora ocupado iba a hacerlo en el futuro un hombre responsable y estable. Sin embargo, Juan a sus 23 años era ya una persona que no soportaba el aburrimiento, el sosiego y la tranquilidad, era ansioso, siempre quería o tenía que estar haciendo algo y no lo complacía nada ni permanecía tranquilo en una actividad. Era rebelde para hacer cursos ya que le habían impuesto eso en su niñez y adolescencia. Demandaba ropa de marca, zapatos deportivos de $300 dólares y objetos por el estilo. Se frustraba fácilmente y creía que si no le daban cosas materiales ni le cumplían sus gustos, tenía que castigar y vengarse de sus papás portándose mal y amenazando con consumir drogas. Se convirtió en un chantajista autodestructivo para lograr sus excesivos caprichos.

Melanie, de 9 años. Una niña demandante y brava que grita a sus familiares y profesores cuando algo no sale como ella quiere. Ha manifestado no querer ir a un centro deportivo porque otros niños le ganan en el patinaje. Ella se coloca un pantalón dos veces y ya no lo desea usar más, manifestando que ya quiere otro, que ya no le gusta y sus padres accedieron a esto durante mucho tiempo para evitar el conflicto, el espectáculo en público y por lástima hacia la niña. Sus papás y hermanas discuten constantemente porque Melanie ya no es normal. Esta niña permanece en todo tipo de cursos, actividades deportivas, artísticas, familiares, etc., sin dejarle espacios para la tranquilidad. Es una especie de robot que no para y a toda hora manifiesta: "¿qué vamos a hacer?", "¿qué vamos a hacer ahora?", "¿para dónde vamos ahora?". Luego o durante alguna actividad ya está preguntando o deseando irse para otro lado. Realmente ya la familia está en un conflicto que se está resolviendo con terapia. Su familia es demasiado activa y han sufrido problemas de estrés elevado.

¿Qué es la sobreestimulación?

Este término significa, como su palabra lo dice, se sobreestimule de novedades al niño o adolescente. La novedad es apetecida por las personas quienes van a desarrollar tolerancia a estos estímulos. Tolerancia significa que el cerebro cada vez va a necesitar la novedad y cosas nuevas para sentir la sensación positiva experimentada (euforia, alegría). Significa también que si hay novedad, el centro de recompensa, el cerebro, siempre va a acostumbrarse a esta. No obstante, si no le das esta novedad con la frecuencia acostumbrada, la persona, niño/a o adolescente va sentir malestar o vacío. En otros términos, la sobreestimulación es: demasiados juguetes, muchas atenciones, demasiadas cosas, exceso de ropa, etc., pero el niño deja pronto todos estos objetos de lado porque ya ninguno le genera satisfacción. Entonces los padres o adultos comenzarán a cumplir todos los caprichos y demandas del niño porque inmediatamente sus deseos son órdenes. En este punto, vuelvo a citar el "síndrome del pequeño emperador" o el famoso cuento de la "lámpara de Aladino", en el cual solo es frotar y todo se vuelve mágicamente un hecho.

No me refiero a no darles a los menores o hijos comodidades y gustos, juguetes, ropa buena y de marca. Sí, pero todo en una medida justa, en la que se fomente la valoración, el disfrute, el agradecimiento y el buen uso de sus cosas materiales y en suma, el hacer algo por parte de los niños y jóvenes para merecer proporcionalmente las cosas.

La sobreestimulación genera tarde o temprano un vacío crónico, usencia de significado de lo material y no tener tranquilidad. Además, el no agradecimiento, la no valoración y el sobremerecimiento insano. Es importante que se prevenga a futuro mediano la búsqueda de emociones fuertes que llenen insanamente el vacío aprendido en la adolescencia, como lo pueden ser el consumo de sustancias psicoactivas, la sexualidad desbordada y la impulsividad, entre otros comportamientos.

Es importante clarificar que esta estimulación no hace referencia al proceso en el cual médicamente o por medio de otras disciplinas se sugiere **la estimulación temprana**. Este concepto no es manejado por este libro.

Sobreestimulación de los 0 a los 5 años y hasta los 12

A continuación se mostrará un test de respuesta simple **SÍ** o **NO** para evaluar en los padres o cuidadores el concepto de educación citado en este libro. Tómese un buen tiempo para responderlo y para identificar sus pautas de educación.

Test para evaluar si los padres o cuidadores están sobreestimulando a los niños de los 0 a los 5 años y hasta los 12

Marque con una equis (**X**) **SÍ** o **NO** si usted como padre o cuidador presenta el comportamiento descrito en las preguntas del test.

Preguntas	Si	No
1. ¿Su hijo desea rápidamente que usted le dé nuevamente algo material que le han dado hace poco o está casi recién comprado?		
2. ¿Piensa usted darle al niño bastantes cosas materiales, juguetes o ropa que usted no tuvo, o que no le dieron a usted?		
3. ¿Usted piensa que el niño debe estar ocupado a toda hora y que es bueno que ande siempre distraído y entretenido en alguna actividad o con algún juguete?		
4. ¿Si el niño quiere llorar o se siente incómodo, usted lo distrae con algún estímulo para que no llore o se sienta mal?		
5. ¿Cree usted que si el niño tiene juguetes de todo tipo y bastante ropa, esto es sinónimo de que él merece esto y va a ser muy feliz?		
6. ¿Usted cree que su hijo debe estar siempre feliz, animado, y con bienestar y que si tiene sentimientos de estrés y negativos, no los debe sentir?		
7. ¿Usted cree que si el niño tiene muchas cosas y ropa y que si está ocupado permanentemente esto le va a ayudar a ser más inteligente o más activo y hábil?		
8. ¿Usted como padre o familiar es demasiado activo o tiene la creencia que las personas siempre deben estar ocupadas porque esto es muy bueno?		
9. ¿Usted como padre o cuidador trabaja mucho o está muy ausente, por las razones que sean, siente culpa y la compensa regalando a su hijo cosas materiales en exceso?		
10. ¿Usted como padre o cuidador acostumbró a demostrar el afecto y el amor con cosas materiales?		

Interpretación del test

Si usted marcó **SÍ** a más de cuatro de los diez ítems, debe prestar atención porque está sobreestimulando.

Se aconseja estudiar y practicar los tips propuestos en los temas referentes a las preguntas en las que se respondió **SÍ**, en la sesión de consejos para prevenir la sobreestimulación.

Consejos para prevenir y dejar de sobreestimular a los niños de los 0 a los 5 años y hasta los 12, y así ofrecer los bienes necesarios y en la medida justa y favorable

- La no valoración de los adultos viene de esta sobreestimulación en la infancia y adolescencia. Estos niños o jóvenes se están convirtiendo en personas a las que llamo caprichosos crónicos o desagradecidos crónicos. Estas son personas a las que ya nada las satisface. Observe si eso está pasando y aproveche para frenar este comportamiento exagerado.

- Para comenzar comprenda que la medida justa puede ser que el niño tenga los juguetes suficientes y la ropa necesaria. Por ejemplo, en el caso de la ropa hay que tener en cuenta los días de la semana y, de esta manera, tendrá una proporción de la ropa justa. Respecto a los juguetes, un buen indicador es que el 30 % de la habitación tenga juguetes.

- Puede guardar algunos juguetes mientras el niño juega con los otros y luego rotarlos. Esta es una buena manera de hacer este cambio y de esta forma no va a ser tan dramático el cambio para usted ni para el niño.

• Ante los caprichos en los centros comerciales y ofertas por televisión o internet, comience a decir de buena manera que por ahora no hay dinero, no se puede o simplemente que no.

• Si usted es de los que piensan de la siguiente manera: "que a mi hijo no le falte nada" o "que él tenga todo lo que yo no tuve" o "quiero que él tenga lo que no me dieron" o "mi hijo merece de todo" y por esta razón lo llena de objetos materiales y ropa o excesivos mimos y caricias, comprenda que no es una buena idea. Puede cambiar estas creencias suyas dando cosas materiales, pero con justa medida. Siempre se valoran más las cosas cuando son las necesarias, que cuando sobran.

• Los niños y adolescentes aprenden y manipulan haciendo gestos de indefensión, de tristeza o de ira para lograr que usted les dé más cosas. En ese momento frene esta situación y haga un pare gradual. Es decir, enseñe a su hijo que a veces no se puede y listo. Usted como padre o cuidador puede estar reforzando y fortaleciendo la sobreestimulación, al atender las pataletas y los caprichos materiales.

• Si usted ha sobreestimulado a sus hijos o sobrinos, posiblemente estos pequeños emperadores ya no estén disfrutando ni agradeciendo los juguetes que usted les dio hace unos días. También puede estar ocurriendo que estos juguetes los hayan dejado a un lado y lo más preocupante es que le están pidiendo otro nuevo juguete. Lo anterior es un indicador que usted debe hacer el cambio gradual de comenzar a decirle que no y dejar que el niño continúe usando los que ya tiene.

• Si su hijo ya tiene muchos juguetes y ropa, ya está en caprichos, se aburre y quiere cambiar de juguetes y demanda constantemente más cosas, vaya aprendiendo a decirle que **NO** de manera gradual. Es decir, si antes le daba gusto al 100 %, baje la frecuencia al 80 % y luego al 60 % hasta llegar al 50 %. Esta sería una medida justa.

• Tenga en cuenta que cuando usted comience a decirle que NO, el niño puede empezar a hacer pataletas. En este caso usted debe esperar a que la pataleta se acabe así le parezca difícil a usted como padre o sienta pesar del niño y tenga la tentación de acceder a sus caprichos. Pasado este momento usted le explica que no se puede dar ese objeto porque ya tiene los suficientes, o por las razones que usted tenga. En ese instante el niño se distraerá y se adaptará a las circunstancias. Recuerde que las personas se acomodan a todo tipo de situación.

• No tenga sentimientos de pesar o lástima por sus hijos cuando deba hacer estos cambios. Por el contrario, comprenda que es lo mejor para usted y para su hijo a mediano y largo plazo. Los niños tienen una capacidad de adaptación muy buena y lo van a asimilar de una buena manera si usted se mantiene firme.

• Se aconseja no ser intermitentes con estos cambios. Intermitente significa que usted a veces les da de todo y otras veces no les da nada. La intermitencia hace más daño, así que por favor no la lleve a cabo y si lo está haciendo, cámbiela por la constancia en la manera de dar justamente y por merecimientos.

- Si usted ya le ha dado demasiadas cosas al niño, puede rotárselas; es decir, guardar los juguetes que él deje de lado y dejarle los que ya tiene, y viceversa. Este es un buen método para lograr el equilibrio.

- Permita que el niño se aburra y que permanezca sin actividad dirigida. Deje también que el niño sea creativo para desaburrirse o distraerse, es decir, que mediante su imaginación resuelva esto y que el niño elija qué desea hacer. Esto le permitirá al niño desarrollar la habilidad de poder ampliar sus ideas y crear una actividad o simplemente encontrar tranquilidad y sosiego, al no estar siempre haciendo algo.

- Permítales también a sus hijos el llanto y que se frustren ante las situaciones en las cuales usted les va a decir que no. También déjeles expresar sus emociones de ira, frustración, tristeza o impotencia ante situaciones cotidianas. De esta manera, los niños aprenderán a tolerar el malestar, el cual sabemos que es parte de la vida.

- Las emociones son parte de la vida y son momentáneas, mas no permanentes. Esto les fortalecerá sus habilidades de afrontamiento y los hará más tolerantes para una vida común y corriente con las dificultades normales que les esperan en un futuro.

- Si ustedes como familiares o padres tienen una familia muy numerosa y consideran que por el significado familiar de este/a hijo/a, va a ser una especie de príncipe o princesa y le van a dar muchos regalos, dígales a estos allegados y familiares que pueden por favor darles mejor detalles constructivos. Obviamente sin exagerar, ya que un buen regalo, valioso, con una frecuencia justa es importante. Aunque el afecto, la compañía, el compartir, y la validación y las demostraciones de amor son el mejor regalo. Los excesos siempre son negativos. Si ustedes tienen bastante dinero y de sobra, gástenselo en un buen viaje y no "inunde" a sus hijos de tantas cosas.

• Permita que el/la niño/a sienta placer y estimulación en cosas sencillas, en actividades en las cuales con un solo juguete o con pocos, o con un sencillo juego pueda permanecer de comienzo a fin concentrado. Esto lo centrará y realmente podrá experimentar el bienestar y placer de esta sencilla y específica actividad. De esta manera aprenderá a disfrutar con lo simple. Los psicólogos sabemos que la restricción genera en las personas la valoración, ya que un poco de escasez fortalece al niño o adolescente, y genera el valor y la virtud del agradecimiento.

Sobreestimulación desde los 12 años hasta los 18 o más

A continuación se mostrará un test de respuesta simple **SÍ** o **NO** para evaluar en los padres o cuidadores el concepto de educación citado en este libro. Tómese un buen tiempo para responderlo y para identificar sus pautas de educación.

Test para evaluar si los padres o cuidadores están sobreestimulando a los adolescentes y jóvenes desde los 12 años hasta los 18 o más

Marque con una equis (**X**) **SÍ** o **NO**, si usted como padre o cuidador presenta el comportamiento descrito en las preguntas del test.

Preguntas	Si	No
1. ¿Usted como padre o cuidador quiere y cree que los menores, adolescentes o jóvenes deben estar felices a toda hora y por eso les sigue comprando de todo?		
2. ¿Considera usted que si sus hijos no están la mayor parte de los días ocupados, puede ser problemático o van a coger malas costumbres?		
3. ¿Usted piensa que si tiene recursos económicos de sobra, les debe dar gusto a los niños o adolescentes en cosas materiales y actividades con excesos?		
4. ¿Cuándo el adolescente de los 12 hasta los 18 años está en reposo, descansando merecidamente, o solo y supuestamente aburrido, usted se afana y lo pone a hacer alguna actividad frecuentemente?		
5. ¿Usted como padre, educador o formador cree o desea que el niño o adolescente sea superdotado y aprenda muchos temas, aun si el joven no lo desea?		
6. ¿Usted demuestra el amor a sus hijos con bastante frecuencia: 6 de10 veces, dándoles cosas materiales?		
7. ¿Si usted es separado o separada, desea ganar el afecto de su hijo o comprarlo con cosas materiales para ganarle el/la hijo/a su expareja?		
8. ¿Su hijo se queja constantemente de aburrimiento o de querer estar haciendo algo y usted rápidamente le da actividad?		
9. ¿Su hijo permanentemente desea hacer algo y no lo llena ninguna actividad, aunque tenga cosas materiales y actividades por hacer la mayor parte del tiempo?		
10. ¿Compensa usted sus ausencias o deficiencias como padre o cuidador, dando cosas materiales o dinero en exceso a sus hijos?		

Interpretación del test

Si usted marcó **SÍ** a más de cuatro de los diez ítems, debe prestar atención porque está sobreestimulando.

Se aconseja estudiar y practicar los tips propuestos en los temas referentes a las preguntas en las que se respondió **SÍ**, en la sesión de consejos para prevenir la sobreestimulación.

Consejos para dejar de sobreestimular a los niños, adolescentes o jóvenes de los 5 a los 12 años y hasta los 18 o más, y cultivar un equilibrio sano para dar cosas materiales de una manera justa y favorable

- Primero debe comprender que la sobreestimulación genera en el cerebro del niño y futuro joven, tolerancia a la novedad. Esto significa que cada vez la persona quiere más novedad para sentir el efecto deseado o mejor dicho acostumbrado. Para concluir, esto va a predisponer a la búsqueda de sensaciones y emociones en la adolescencia, que en muchos casos resultan en uso de sustancias psicoactivas para generarse emociones.

- Enseñe, explique y fomente a los adolescentes lo que significa la *reciprocidad,* es decir, que ellos comiencen a entender que usted le da afecto, protección, compañía, respeto, apoyo, recursos materiales y educación, y que ellos como niños o adolescentes deben dar también compañía, afecto, orden, cooperación en la casa o apartamento, respeto, amor, etc. En resumen, es enseñar y practicar la relación del dar y recibir de forma justa, en la cual ganan todos.

- Otro aspecto importante es el merecimiento. De los 12 años en adelante es una buena edad para comenzar a enseñar el juego del hacer, el deber y el ganar un beneficio. Así que por buenos comportamientos, por los pequeños o más grandes logros, se pueden dar beneficios con permisos, objetos que gustan al adolescente, etc.

- El merecimiento no solo debe premiarse con cosas materiales. Además de lo material o de los permisos, se usan también las demostraciones de afecto, aprobación, validación, reconocimiento y admiración. No obstante, vuelvo a aclarar que estos beneficios emocionales se deben dar sin excesos, sin que se llegue a la adulación. Y seguidamente se fortalece la autoestima sana del adolescente o joven, y de paso la suya como educador.

- Apoye y patrocine las cualidades deportivas, intelectuales y artísticas, entre otras muchas. Posiblemente en su futuro se puedan convertir en una profesión exitosa o en una fuente de bienestar y autoestima saludable. Esto es favorable y repito, en su justa medida.

- Permita que sus hijos o sobrinos se aburran, se frustren y desarrollen la habilidad de afrontar estas frustraciones y vacíos. Esto los fortalecerá para su vida. Al dejar que el adolescente se aburra, él mismo creará una actividad para resolver esta situación. Rápidamente buscará quedarse quieto y en sosiego, o realizar algo por su propia cuenta. Esto le desarrollará la creatividad y la automotivación, y aprenderá biológica y emocionalmente a encontrar tranquilidad y a realizar una actividad motivada por él mismo.

- Convenga con el menor, discutan sobre lo que podrían hacer y permítale que él proponga la actividad. Actividades aparentemente sencillas como jugar en computador o teléfono celular, colorear unos mandalas o simplemente conversar más con los familiares. A veces estar con los familiares en silencio también es un buen plan. El hacer por hacer no es bueno siempre. Es mejor hacer una actividad de manera moderada, hasta crear algo en grupo de pares o familiares. O, por ejemplo, buscar practicar un deporte por motivación propia.

- En la vida algunas cosas tienen como respuesta el "no" o "más tarde" o "luego". Por ejemplo, un paseo que se aplaza, una entrada a un evento que se agota, un accidente o una lesión que no permite llevar a cabo algo, un rechazo de alguien y así muchas más situaciones ante las que nadie está exento. Estas situaciones aparentemente negativas hacen parte de la cotidianidad y los niños, adolescentes y jóvenes deben prepararse para esto. La dificultad o escasez de algo, así como las cosas difíciles de obtener, educan y enseñan y, lo más importante, fortalecen a los adolescentes.

- Las dificultades desarrollan en las personas tenacidad, inteligencia, templanza y fortalezas, y las preparan para la supervivencia y una mejor adaptación. De igual manera, los obstáculos cotidianos crean tolerancia emocional a la dificultad. De esta forma, un adolescente verdaderamente se preparará para afrontar de una mejor manera su vida presente y futura.

- Los distractores que usan los padres o cuidadores para "engatusar" el sentimiento negativo, no son una buena idea para que el adolescente o joven no sienta el malestar. Conozco personas que ante un problema de su hijo optan por irse de paseo o darle algo material para mitigar el dolor ante un problema de su hijo optan por irse de paseo o darle algo material para mitigar el dolor.

- Si luego de los 12 años hasta la adultez de sus hijos usted continúa exagerando en darles bienes materiales y ropa para cumplir con la sociedad de consumo, les compra prendas de marca de manera extrema, desea verles la cara de felicidad constantemente a sus hijos, sigue llenando vacíos emocionales o buscando subir ánimos con regalos porque considera o sigue considerando que hay que vivir el ahora, debido a que usted como padre, cuidador o familiar no disfrutó de esto en su juventud, continúa sobreestimulando a estos/as niño/as o adolescentes. Vaya haciendo cambios en este aspecto porque sus hijos se lo agradecerán en un futuro.

- Si usted quiere involucrar a los/as niños/as, adolescentes o jóvenes en todo tipo de actividades como teatro, karate, canto, fútbol, natación, equitación, artes plásticas, vacaciones recreativas, baile, danza, etc., etc., también lo está sobreestimulando. Esto ocurre a veces bajo la premisa de que un niño o adolescente debe estar siempre ocupado para no pensar en cosas malas, o para que sea superdotado y supertalentoso, o para que no se aburra nunca. Deje espacios de descanso entre actividades y negocie o pregunte al menor qué le gusta y qué desea.

- Reparta esas aficiones con el descanso en porcentajes justos y con el equilibrio que se necesita. De esta manera va a observar que el niño y usted también, realmente van a disfrutar más de esas actividades y de los bienes materiales. Esto lo comparo con el término psicológico de la caseación, el cual significa que si usted como todos los días come a la carta, se va a cansar y le va a perder

84

valor a esto, y de pronto se va a antojar de vez en cuando de algo sencillo. Pero si usted turna unos platos caseros con los de la carta, va a disfrutar de ambos.

- Posiblemente usted siga el ritmo de su hijo, pero le está generando que nada lo satisfaga, nada lo estimule, que quiera estar haciendo algo constantemente, que no encuentre paz y serenidad, y que esté irritable porque ya no le quieren cumplir sus caprichos.

- Cambie esto por un poco de restricción en los bienes y lujos. No necesariamente esto es de estratos socioeconómicos altos. He trabajado con todos los estratos y desde el bajo hasta el alto se presenta este fenómeno de la insatisfacción crónica.

- La escasez motiva a buscar opciones, el aburrimiento estimula a buscar qué hacer, la ausencia motiva a la búsqueda y esto genera bienestar cuando se logra. Además fortalece a la persona y le aumenta su autoestima, al comprender que puede lograr cosas por sus propios medios o recursos psicológicos y físicos.

- El dar debe ser un acto justo y en la medida que el adolescente va madurando para ser un futuro adulto, se debe educar para que se aprendan primero los deberes y las responsabilidades y luego los beneficios y premios. De esta manera se enseña a dar y recibir, aprendiendo el equilibrio justo y sano.

Algo más sobre la sobreestimulación

Insisto en la tolerancia a los estímulos y a los regalos y excesos. El organismo se acostumbra a cierta cantidad de novedad y necesitará más cantidad para sentir el placer. En consecuencia, el niño o joven sobreestimulado pierde la capacidad de sorprenderse ante lo sencillo y ya nada le va a generar emociones de asombro y disfrute. Estos menores son los futuros jóvenes y adultos insatisfechos. Conozco personas en consulta que no valoran a sus parejas ni los bienes materiales que poseen, se aburren fácilmente en alguna situación. Como advertencia para los padres o cuidadores, la sobreestimulación predispone a los adolescentes a la búsqueda de sensaciones a las que se acostumbraron por tanto estimularlos. Esto indica que los jóvenes eligen en muchos casos probar sustancias ilegales como el tabaco, el alcohol y las sustancias ilegales de altísimo riesgo. Por otra parte, el adolescente sobreestimulado empieza a padecer de insatisfacción crónica y se convertirá de a poco en una persona demandante, intranquila, poco satisfecha y nada agradecida. Sobre esta base vendrán las consecuencias emocionales, interpersonales y familiares difíciles. Para terminar, el valorar lo que se tiene en su justa medida lleva a encontrar paz interior y a no depender del todo de cosas externas para sentirse bien.

Conclusiones

La cantidad justa en regalos, juguetes y ropa es lo óptimo. Los derroches no son sanos en un niño, recuerde que lo que aprende de pequeño lo hará cuando grande, y un niño o adolescente o futuro adulto desagradecido y demandante es un problema tanto para él mismo, como para las personas que lo rodean. El éxito en la vida está en valorar y disfrutar lo que se tiene y no en sufrir por lo que hace falta. La sociedad de consumo no es de satanizar, pero los extremos siempre son malos. Lo más importante es entender que el sano y justo merecimiento desarrolla la habilidad de motivarse a buscar el progreso. Así mismo, la virtud de valorar, agradecer y el verdadero disfrute de la cotidianidad. Otro aspecto para tener en cuenta es darse y darles gusto a los hijos. Se pueden dar regalos grandes en valor económico y en utilidad, porque para eso es el dinero, pero siempre guardando la proporción justa. Es importante fomentar también los valores y las fortalezas personales, de esta manera se combinan sabiamente lo material, espiritual y personal. Por último, es relevante apoyar las cualidades físicas, intelectuales, artísticas y deportivas, entre otras, cuando se observe que el niño o el adolescente las posea o le interesen. De esta manera, se podrá descubrir y fomentar la motivación y el equilibrio de la estimulación benéfica y consciente.

5. Sobreexigencia

Casos reales y ejemplos de sobreexigencia

Los nombres, las edades y algunas circunstancias de los actores de cada caso, se han cambiado para respetar el principio de confidencialidad.

Karen, de 23 años. Es una consultante que llega por un estado casi psicótico y presenta ataques de pánico. Los miedos excesivos a fracasar en el futuro, a la escasez económica, al fracaso y a la autoexigencia desproporcionada la llevaron a no poder dormir y al estado psicótico y de ataques de pánico. En su rostro mostraba, el día de la consulta, una expresión anormal de preocupación. Esta paciente llegó demasiado ansiosa y afanada sobre su rendimiento académico y futuro laboral, y en un nivel de estrés altísimo. Su grado de competición con los compañeros se le estaba saliendo de control y su calidad de vida estaba desmejorada. Sus padres poseen recursos económicos suficientes, tienen una empresa sólida y ella ha sido una estudiante con un promedio bueno, por encima de 4.0, el cual no le era suficiente y quería mejorarlo al precio que fuera. Sumado a esto, ella estaba estudiando más y privándose de tener espacios de esparcimiento y descanso. Sus padres estaban enfocados siempre en el "tienes que ser mejor, puedes fracasar si no eres la mejor, debes estudiar más, no es suficiente una calificación de 4,5", exigencias acompañadas de un rostro de enojo del papá para exigir más y más. Todas estas sobreexigencias se presentaron durante la niñez y adolescencia de Karen, quien siempre se mostraba afanada, inquieta, irritable y funcionaba como un sargento del ejército con sus compañeros y amigos: le exigía a todo el mundo, tal cual como ella se exigía y como le exigieron sus padres. Para Karen nada era suficiente. Obviamente con un desgaste y niveles de estrés que la llevaron a pedir consulta, perder el sueño y llegar a un estado de psicosis y ataque de pánico. Su padre también fue a consulta un tiempo después por casi un derrame cerebral y perder el sueño y la tranquilidad. Este es un ejemplo propio de sobreexigencia.

Olga, de 29 años. La conocí en un centro de terapia para el consumo de sustancias. Ingeniera de profesión, estudiaba otra carrera en ese entonces. Era una joven que con su expresión reflejaba afán y preocupación por la siguiente actividad que tenía que realizar. Sus papás le inculcaron desde pequeña que debía exigirse al máximo, que debía ser la mejor y la más, más. Siempre ocupó los cinco mejores puestos en el colegio y la universidad, pero quería dar más, parecía que tuviera dentro de su cerebro una orden constante de "debes ser mejor y debes dar más", obviamente fomentada desde su infancia por sus padres. Es hija única y sus padres demasiado atentos de su éxito. También fue patinadora de alto rendimiento, asunto que dejó por dedicarse a sus estudios. Esta joven duraba entregada a sus estudios un mes completo y hasta dos, tiempo durante el cual no salía a recrearse y luego de no soportar más ese nivel de exigencia, salía con algunas amistades y consumía alcohol hasta perder el conocimiento totalmente. Probó varios tipos de drogas y realmente se borraba del mundo de la autoexigencia, presentando unos excesos y sobredosis de alcohol y drogas, así como conductas sexuales desbordadas y desviadas. Su manera de compensar el estrés elevado y su búsqueda automática de perfección, era de esta errada forma.

Alberto, de 65 años. Un ingeniero civil que desde niño fue exigido por sus padres quienes siempre le inculcaron con buena intención que debía ser el mejor de la familia, que la pobreza era terrible y que él debía ser lo contrario de ellos, que eran supuestamente pobres. De ahí comenzó Alberto una carrera contra el reloj, por el sobreesfuerzo, la autoexigencia y el perfeccionismo, incluida las sobrecargas académicas y posteriormente laborales. Luego de terminar la universidad fue contratado, por su buen rendimiento académico, por unos alemanes que tenían una empresa en Colombia. Eran tres alemanes con el mismo nombre: Adolfo, así que ya se imaginarán como una especie de Hitler en los años 50, que fue cuando Alberto comenzó a trabajar con estas personas. Eran exigentes, no daban descansos y le pagaban muy bien. Ante las fallas en el trabajo, lo regañaban, lo presionaban y lo amenazaban con retirarlo del trabajo. Alberto comenzó a ganar mucho dinero y a consumir alcohol con los alemanes, luego de unos días de largas jornadas laborales. Sus excesos con el alcohol comenzaron en esa época. Alberto desarrolló un alcoholismo originado por su deseo de alejarse de estas exageradas exigencias, dejando de lado su recreación sana y un equilibrio óptimo en su calidad de vida. Se convirtió entonces en una persona totalmente rígida en todos sus aspectos.

¿Qué es la sobreexigencia?

Como la palabra lo dice, se trata de sobreexigir a un/a niño/a o adolescente. **Exigir** es el término adecuado y se refiere a desarrollar habilidades cuando se habla de responsabilidad, cuando se trata de aprender a hacer las cosas bien o de manera excelente y cuando se trata de formar sanamente.

Pero *sobre* significa que es demasiado para lo que realmente se necesita y sobreexigir es maleducar y formar personas que se motivan desde la presión y el miedo, lo cual no es sano para el desarrollo. Mas no desde el interés, el gusto por algo, la motivación sana, la cualidad, la aptitud innata, la fortaleza, la virtud, los valores personales y el progresar sano y con equilibrio. Además de poder ser bueno en algo y exitoso en uno o varios aspectos y áreas, pero con una motivación que no genere malestar.

El exigir a los hijos y el autoexigirse es lo óptimo para garantizar el compromiso con el éxito en las áreas académica, laboral, profesional, familiar y social, y en las relaciones con los demás. Sin embargo, los extremos son siempre extremos y no son buenos. Exigirse y exigir no es lo malo, lo malo es hacerlo desde el déficit y no desde la virtud. Conozco personas exitosas en el aspecto económico y profesional, pero con problemas emocionales e interpersonales grandes. También, personas que son muy exitosas, pero manejan un equilibrio sano y provechoso en sus vidas y que se han exigido y los han exigido de una manera saludable.

Sobreexigencia de los 0 a los 5 años y hasta los 12

A continuación se mostrará un test de respuesta simple **SÍ** o **NO**, para evaluar en los padres o cuidadores el concepto de educación citado en este libro. Tómese un buen tiempo para responderlo y para identificar sus pautas de educación.

Test para evaluar si los padres o cuidadores están sobreexigiendo a los niños de los 0 a los 5 años y hasta los 12

Marque con una equis **(X) SÍ** o **NO**, si usted como padre o cuidador presenta el comportamiento descrito en las preguntas del test.

Preguntas	Si	No
1. ¿Para que su hijo sea responsable a futuro, le quiere enseñar desde los primeros 5 años a recoger, limpiar, ordenar y a hacer sus pequeños oficios?		
2. ¿Quiere que su hijo tienda la cama, recoja su reguero y sea ordenado antes de los 4 o 5 años, y le quieren enseñar esas actividades de manera insistente?		
3. ¿Usted es perfeccionista y auto y exigente con el orden al extremo y sufre demasiado con el desorden de los/as niños/as menores de 5 años?		
4. ¿Quiere prevenir que su hijo sea un desordenado y un mediocre, forzándolo a que desde antes de los 4 o 5 años sea muy ordenado y no haga desordenes?		
5. ¿Usted o los que educan al niño le dan excesivo valor al perfeccionismo?		
6. ¿Considera que exigir de los 0 a los 5 años va a garantizar un niño ordenado en el futuro?		
7. ¿Si algo que un/a niño/a haga no está bien, usted lo/a quiere corregir inmediatamente?		
8. ¿Si su hijo menor de 5 años es inquieto y desordenado, usted hace gestos de enojo o desaprobación?		
9. ¿Se altera usted exageradamente ante los normales regueros, desarreglos del niño y le desespera de manera constante este desorden?		
10. ¿Es usted un perfeccionista crónico y quiere que su hijo también lo sea, antes de los 5 años?		

Interpretación del test

Si usted marcó **SÍ** a más de cuatro de los diez ítems, debe prestar atención porque está sobreexigiendo.

Se aconseja estudiar y practicar los tips propuestos en los temas referentes a las preguntas en las que se respondió **SÍ**, en la sesión de consejos para prevenir la sobreexigencia.

Consejos para prevenir y dejar de sobreexigir a los niños de los 0 a los 5 años y hasta los 12, y así cultivar la exigencia justa que garantice la responsabilidad y el buen hacer

• El orden y la responsabilidad se propone enseñarlos luego de los 4 o 5 años y de una manera adecuada. Este es un aspecto bien importante y se refiere a que los padres en el afán de asegurarse de que los/as niños/as crezcan responsables, muy inteligentes y exitosos en todo, les comienzan a colocar exceso de responsabilidades desde muy pequeños, coartando la edad de la exploración, el juego y la espontaneidad naturales de esta etapa.

• Es importante saber que de los 0 a los 5 años es la mejor etapa para que un/a niño/a solo juegue, duerma y explore o haga desorden. De esta manera podrán aprovechar. Lo anterior, debido a que la actitud de un niño ante la exigencia de alzar sus cosas, ordenar su espacio, no es bien visto por él y va a percibir y sentir que le están impidiendo su espontaneidad y etapa para expresar su verdadera niñez a través el desorden y el libre juego en espacios adecuados. o cuidadores quieren que el niño sea el superniño que ande ocupado a toda hora, que sepa hacer de todo y que lo haga muy bien. Pero a diferencia de la sobreestimulación, ustedes como adultos sobreexigen para que el niño sea exitoso. De modo que estos niños se pueden convertir a futuro en personas perfeccionistas, superactivas, autoexigentes angustiados o exigentes con los otros.

- Esta etapa de comenzar a enseñar el orden puede iniciar a los 4 años y medio o a los 5. Acá ya es bueno empezar con el juego del hacer la responsabilidad y ganar el beneficio, el recreo o disfrute, puesto que esto se logra mediante el moldeamiento y el modelamiento. Recoger sus juguetes y guardarlos para luego descansar, será una buena manera de comenzar. Alzar su ropa antes de desayunar, también, y así sucesivamente con otras actividades como las tareas.

Sobreexigencia desde los 12 años y hasta los 18 o más

A continuación se mostrará un test de respuesta simple **SÍ** o **NO** para evaluar en los padres o cuidadores el concepto de educación citado en este libro. Tómese un buen tiempo para responderlo y para identificar sus pautas de educación.

Test para evaluar si los padres o cuidadores están sobreexigiendo a los adolescentes y jóvenes, desde los 12 años hasta los 18 o más

Marque con una equis (X) **SÍ** o **NO**, si usted como padre o cuidador presenta el comportamiento descrito en las preguntas del test.

Preguntas	Si	No
1. ¿Le inculca la perfección con amenazas de quitarle algo que le gusta, si no hace las cosas perfectas?		
2. ¿Usted como padre o formador y educador le menciona constantemente que hay que hacer todo perfecto, con un rostro de exigencia y angustia?		
3. ¿Impone castigos exagerados cuando el adolescente hace alguna tarea de manera equivocada?		
4. ¿Cuándo su hijo saca una calificación aceptable o por encima de 4, si es sobre 5, o por encima de 8, si es sobre 10, y usted le menciona que no es suficiente?		
5. ¿Motiva usted a su hijo/a, a que sea cada vez mejor, usando la crítica, comparándolo con otro o regañando?		
6. ¿Usted tiene altas expectativas de su hijo aunque las capacidades reales de él no demuestren que le van a cumplir dichas expectativas?		
7. ¿Usted le manifiesta que siempre se puede hacer algo perfecto, en la mayor parte del tiempo?		
8. ¿Ante errores o resultados no tan favorables de sus hijos, así se hayan esforzado, usted opta por ejercer castigos y reclamaciones por esas fallas?		
9. ¿Usted como padre o cuidador concibe la perfección en término de blanco o negro, es decir, las cosas se hacen perfectas o no se hacen?		
10. ¿Usted le quiere exigir a su hijo como lo exigieron a usted, con altos estándares de perfección?		

Interpretación del test

Si usted marcó **SÍ** a más de cuatro de los diez ítems, debe prestar atención porque está sobreexigiendo. Se aconseja estudiar y practicar los tips propuestos en los temas referentes a las preguntas en las que se respondió **SÍ**, en la sesión de consejos para prevenir la sobreexigencia.

Consejos para corregir y dejar de sobreexigir a los niños de los 5 a los 12 años hasta los 18 o más, y así cultivar la exigencia justa que garantice la responsabilidad y la autonomía con éxito

- Si usted continúa con la idea que su hijo sea perfecto en todo lo que hace, debe tener las mejores calificaciones, debe ser el mejor en fútbol o debe dejar todo perfectamente arreglado, es una exageración. Un buen resultado se puede obtener y es lo mejor y lo esperado y óptimo, pero no desde la rigidez ni los extremos.

- Si usted lo chantajea diciéndole que no le va a dar permisos si no saca la supercalificación, si le menciona que los hijos de los demás son mejores que él, si usted es una especie de sargento mayor que está amenazando a su hijo o adolescente con quitarle un privilegio si no hace las cosas perfectas o si usted lo castiga exageradamente cuando se equivoca, no es la mejor manera de educar.

- Si desde pequeño el/la niño/a o adolescente presenta destrezas, cualidades y aptitudes en algún tema, hay que identificarlas, apoyarlas y fomentarlas. Seguramente van a ser en un Futuro, una señal clara de las fortalezas que poseen estos menores.

- Hay que evitar totalmente los métodos de comparación para exigir como por ejemplo: "mire a su primo como sí puede rendir en el colegio" o "vea a los hijos de mis empleados como sí sacan buenas calificaciones". También hay que evitar exigirle al hijo diciéndole que las calificaciones que ha sacado no son suficientes nunca. Así sean aceptables las calificaciones, también lo está sobreexigiendo.

- Si le está recalcando que para ser alguien en la vida debe hacer todo perfecto y se lo dice con ira y gestos de preocupación, está formando un perfeccionista poco sano.

- Si usted lo regaña por fallar, lo descalifica y compara si no rinde como usted espera, lo está sobreexigiendo. Posiblemente usted tenga muchos miedos al fracaso de su hijo, usted sufrió mucho para conseguir o actualmente trabaja duro para garantizar la calidad de vida de su familia, posiblemente esté moldeando un hijo superresponsable patológico o un rebelde sin causa conocida.

- Hacer las cosas bien es bueno y sano. De hecho a las empresas les gustan los perfeccionistas, pero no al precio que sea, incluso al de la misma autodestrucción emocional.

- Ser bueno en algo es una aptitud y cualidad que se muestra o se moldea. Sabemos que los líderes nacen, pero las personas pueden aprender a serlo si lo desean, desde la infancia y niñez o adolescencia, y además se pueden desarrollar habilidades en cualquier área de la vida. Pero todo se debe hacer de manera gradual o moldeada y sin llegar al desequilibrio. El derecho al descanso, a la recuperación de energía se debe fomentar. Recuerde que la mejor relación es la del esfuerzo, pero con descanso.

- Luego de los 5 a los 12 años, hasta los 18 o más, la sana exigencia se puede fomentar o moldear, valorándole los avances que tenga el menor, o con gestos de aprobación por las actividades o logros que tenga. Además, le puede estar mencionando ante una calificación no tan buena, que hay que prestar más atención y prepararse mejor para la próxima evaluación, usando los premios y beneficios luego de los logros y finalmente permitiendo el descanso luego del deber llevado a cabo.

- En la medida en que el/la niño/a o joven lleve alguna actividad de logro en el área que sea, es una buena opción usar el refuerzo, la validación, el reconocimiento y la aprobación. En consecuencia, se logrará que el sentimiento del niño sea positivo y se motive de una manera sana y efectiva a continuar mejorando esa actividad o esas actividades, para que las pueda disfrutar.

- Ante la falla y el no cumplimiento de las expectativas de los mayores, incluidos padres o cuidadores, en actividades como deporte, arte, etc., esto no debe ser motivo de regaños, chantajes, amenazas ni gestos de quitar afecto o de desaprobación. Las equivocaciones son normales en los adolescentes, los adultos o en las personas de cualquier edad, y se deben corregir con la explicación de cómo hacerlo. Estas estrategias se enseñarán mejor en el aparte de la responsabilidad y la autonomía incluidas en este libro.

Algo más sobre la sobreexigencia

Exigir el orden y la responsabilidad antes de los 4 años es violentar la etapa del juego, el comer y el descanso. Luego de los 4 años, mediante el juego mencionado en la parte de la responsabilidad y la autonomía, en el presente libro, todo saldrá muy bien a futuro sin forzar ni interrumpir esta primera, única y valiosa etapa. Cuando se revoluciona un carro más de lo que realmente se necesita, el motor se va a descompensar y pronto se dañará. Esto es similar a un niño o joven sobreexigido. Entonces, tarde o temprano va a entrar en desequilibrio emocional y físico. Las personas tienen una capacidad psicológica energética y deben guardar la proporción entre lo que hacen y la capacidad que realmente tienen. De lo contrario, el exceso los afectará. El éxito no debe venir acompañado del perder la paz y el equilibrio. Recuerde que todas las personas desde la infancia hasta la edad adulta, poseen o desarrollan fortalezas y virtudes, como también aptitudes y destrezas. Todas las personas son diferentes. Esto indica que el éxito se puede lograr si de manera progresiva se descubren y desarrollan estos factores positivos de las personas.

Conclusiones

No sobreexija a un niño para que sea exitoso, de pronto va a generar el efecto contrario y en el peor de los casos, contraproducente. Mejor crear un niño feliz, que ser el mejor de los mejores. Sin embargo, puede ser muy bueno fomentar la autocompetencia ya que es más saludable y óptimo que la competencia con el otro. La exigencia justa debe ser ecológica, es decir con equilibrio entre la persona, el medioambiente y las personas que lo rodean. Ya vimos cómo el exceso hace daño a la persona. También es importante saber que las personas, sean niños, adolescentes jóvenes o adultos, tienen unas capacidades diferentes cada uno. En este orden de ideas, debo agregar que un joven o adulto puede perfeccionar una disciplina o cualquier actividad, y se puede autoexigir para mejorar en algo cada vez más y por qué no lograr la perfección en algo. Siempre y cuando la persona sienta bienestar y no sacrifique su homeóstasis ni su salud mental ni física.

6. Maltrato

Abandono, Descalificación, Motivación negativa, Comparación y Castigos.

Casos reales y ejemplos de maltrato

Los nombres, las edades y algunas circunstancias de los actores de cada caso, se han cambiado para respetar el principio de confidencialidad.

Germán, de 50 años. Hijo de un militar, su padre constantemente le mencionaba que no valía nada, que no era hijo de él, que su mamá era una cualquiera y demás descalificaciones. Germán recuerda una infancia llena de temores y de cosas negativas. Desde el colegio se percibía como un hombre poco valioso, poco atractivo y sin proyecto de vida claro. Hoy en día, este consultante mantiene unas conversaciones como esta: "los negocios no salen, nadie me quiere, ya estoy viejo y no hice nada en la vida". En su pasado hay una agresión a su esposa, en la que se muestra a un hombre resentido que manifestaba su ira repentinamente contra ella, debido a que su papá hacía lo mismo con su mamá. Todo esto resultó en que su esposa lo dejó. Una vez más confirmamos que los mensajes del pasado influyen en las maneras de ver la vida hoy.

Karen, de 16 años. Su motivo de consulta es por principios de anorexia. Luego de examinar su historia de vida observé que su familia tenía una marcada atención hacia la delgadez. Su abuela cuando se sentaban a la mesa dirigía la alimentación de todos y exigía que comieran determinadas cosas. Esta chica a los 8 años comenzó a subir de peso de manera normal para su desarrollo, pero su abuela y su mamá exageraron esto y comenzaron a descalificarla y a decirle frases como "te ves horrible gorda, hummm... si te engordas es terrible". Karen entonces comienza a percibirse como fea. Los mensajes que recibió a esta edad se quedaron grabados en su mente de manera rápida, la aceptación de sí misma se debilitó y comenzó a percibirse de forma exagerada como gorda y fea. Pasó el tiempo y tuvo un cambio de colegio, en donde por problemas en la situación económica de su padre, resultó en un colegio de menor estrato. Esta chilca fue considerada como creída y diferente, y la rechazaban y le decían palabras fuertes. Estaba siendo víctima de matoneo. Karen empieza a compararse con las chicas que la rechazaban en ese colegio (ellas eran delgadas) y para ser aceptada en ese grupo decide adelgazar al precio que sea, dejando de comer de manera exagerada y lo logra. Entonces desarrolla anorexia. El anterior es otro ejemplo de los mensajes equivocados o no adecuados que los padres o educadores instauran en la mente de un/a niño/a.

John, de 19 años. Este joven llega a consulta por consumo de "SPA"

Sustancias psicoactivas. En una sesión se pone a llorar como un niño pequeño y en su relato se evidencia que su padre, que era un sargento de la policía, maltrataba a su esposa, le era infiel y con palabras la descalificaba: le decía que no servía para nada, que para qué se habían casado y la llegó a maltratar físicamente. A John desde pequeño lo comparó con un primo y con unos vecinos. El padre se ausentaba durante muchos meses, por su profesión de policía, y cuando volvía a convivir nuevamente con la familia le pegaba a John bajo los efectos del alcohol y les decía a John, a su hermana y a su mamá muchas groserías y expresaba mucha ira. Esto duró bastantes años. El concepto de sí mismo de este joven era muy negativo, su baja autoestima era notoria, los resentimientos con su padre y con la vida eran una constante. Él no permanecía en su casa, era más aceptado por sus amigos del barrio que aparentemente por su mismo padre, buscaba lejos de su casa un espacio de paz y de evasión de su misma familia. Durante la terapia se lograron mejorar las relaciones de maltrato e irrespeto de su familia.

¿Qué es el maltrato?

De los 0 a los 5 años y luego hasta los 12, es una edad bien importante para los/as niños/as, debido a que la mente no tiene información y la que va a recibir en este periodo va a formar su personalidad, el concepto de sí mismo, de las demás personas y del mundo en que va a vivir. Además, las emociones que va a comenzar a sentir van a estar directamente relacionadas con el trato de sus padres, cuidadores o personas a cargo del niño. Por lo tanto, las huellas emocionales del maltrato van a ser determinantes para el resto de la vida. Científicamente está demostrado que el maltrato y el castigo no ha funcionado. Generan resentimiento, deseo de venganza, inhibición, tristeza, dolor emocional, rebeldía y, posteriormente, las personas maltratadas quedan condicionadas con sentimientos negativos. Por lo anterior, prevenir el maltrato temprano va a ser de gran ayuda para el desarrollo sano de las personas. ¿Usted está maltratando? Pegarle al niño para enseñarle que algo no se hace, descalificando, comparándolo con otros niños, criticando, rechazando, desaprobando, sacándole en cara todo lo que usted hace por él en lo económico, mirarlo mal, abandonarlo de manera presencial, ausente o sutil, o abandonarlo total o intermitentemente, siendo negligente, es decir, no asistiéndolo en sus necesidades básicas. También lo maltrata si su lenguaje no verbal como padre o cuidador es agresivo. Sabemos que un gesto dice más que las palabras. Gestos de rechazo desaprobación, amenaza, furia, desamor, etc., son maltrato. Otro aspecto aparentemente no maltratante, a pesar de sí serlo, son las que yo llamo "caricias fastidiosas". Este tipo de maltrato es muy sutil. Es como dar un pellizco enmascarado de amor, como un "porque te quiero te aporreo". Significa esto que los padres están resentidos por alguna causa, pero la tienen inconscientemente y la disfrazan de amor. Conocemos que el maltrato no solo es un abuso sexual o físico, también el maltrato psicológico afecta de manera dramática. Golpear cosas y maldecir, hablar mal de su pareja o papá, o lo contrario, de la mamá del niño, zarandear, pegar, castigar, dejarlo solo y encerrarlo, darle mucha comida cuando no quiere, entre otras, son maneras de maltratar.

Además de lo anteriormente mencionado, que en varios casos lo he notado en mis pacientes, maltrato también es generarle miedos innecesarios, como decirles que las arañas son peligrosas, que las lombrices son feas, que lo van a regalar a alguien, dejarle de dedicar el tiempo en calidad, bueno y sano, o que debe tener cuidado de todo, golpearlo físicamente, es maltrato físico, emocional, psicológico y afectivo.

Maltrato de los 0 a los 5 años y hasta los 12

A continuación se mostrará un test de respuesta simple **SÍ** o **NO**, para evaluar en los padres o cuidadores el concepto de educación citado en este libro. Tómese un buen tiempo para responderlo y para identificar sus pautas de educación.

Test para evaluar si los padres o cuidadores están maltratando a los niños de los 0 a los 5 años y hasta los 12

Marque con una equis **(X) SÍ** o **NO**, si usted como padre o cuidador presenta el comportamiento descrito en las preguntas del test.

Preguntas	Si	No
1. ¿Golpea físicamente con frecuencia usted a su hijo o menor para corregirlo?		
2. ¿Amenaza verbalmente o maltrata psicológicamente con agresiones verbales o gestuales a su hijo de alguna manera, para lograr que haga caso en algo?		
3. ¿Hace usted miradas o gestos faciales de rechazo, ira o de emociones negativas al niño, con algún propósito?		
4. ¿Cuándo el niño muestra sus torpezas naturales de la edad, usted lo regaña o castiga, ya sea pegando palmadas sutiles, gritando o castigándolo de alguna otra manera?		
5. ¿Cuándo el niño llora por alguna razón, usted le dice que no llore o lo regaña por hacerlo?		
6. ¿Usted como padre o madre abandona a su hijo por periodos largos, así sea usted separado conyugalmente del papá o la mamá del niño?		
7. ¿El niño le dice mentiras con frecuencia a usted o a los que lo cuidan?		
8. ¿Si está separada/o, o el papá o la mamá del niño no está en su vida de pareja, usted habla mal de esta otra persona delante del niño?		
9. ¿Usted abandonó o abandona al niño de manera parcial o total, o de forma intermitente, en lo referente a presencia física y asistencial, por razones de trabajo etc.?		
10. ¿Usted lo grita, descalifica, mira mal, ofende y regaña, y luego se pasa al otro extremo de decirle de manera frecuente que lo ama, lo quiere, lo adora?		

Interpretación del test

Si usted marcó **SÍ** a más de cuatro de los diez ítems, debe prestar atención porque está maltratando.

Se aconseja estudiar y practicar los tips propuestos en los temas referentes a las preguntas en las que se respondió **SÍ**, en la sesión de consejos para prevenir el maltrato.

Consejos para prevenir y dejar de maltratar a los niños de los 0 a los 5 años y hasta los 12, y así educar sin temor, fomentar la motivación positiva y aprender a formar de manera más efectiva

- Los golpes o el pegar a los niños no ha sido una buena manera de formar o generar orden y disciplina. Si bien algunos psicólogos dicen que un buen correazo a tiempo funciona, solo aplicaría en el caso que usted ya haya maleducado mucho y toque usar este método y solo una vez. Pero hay algo importante: el castigo no funciona. Solo funciona si es intenso e inmediato a la falla, pero deja una huella emocional de resentimiento y miedo y creería yo que con una tentación rebelde de volver a repetir la falla por parte del niño.

- El/la niño/a desde los 5 años en adelante y antes, va a destruir algo que usted no quiere ver roto; por ejemplo, algo del hogar, puesto que es normal de la edad. Una buena manera para que el niño empiece a entender qué objeto se puede desbaratar y qué objetos no, es preguntarle: "¿cómo prefieres ver este objeto, así como está ahora o destruido?". Muy seguramente el niño le va a decir que como está, desde ahí le va a enseñar una técnica psicológica de elección y de toma de decisiones. En caso de que el niño rompa algo de adultos, póngalo en la tarea de recoger los pedazos y enséñele que eso tiene un valor. Explíquele normalmente que debe cuidar las cosas. Ya más grande, el niño puede pagar el precio con lo de su mesada. Lo anterior realmente es corregir efectivamente y sin maltratar ni generar rebeldías o incomprensiones.

- Hay que tener en cuenta que los niños no aprenden casi por razones. Ellos aprenden mejor por las consecuencias de sus acciones. Es decir, si usted explica a un niño que ordene su ropa y que esto lo hará ser mejor persona en el mañana, el niño queda extrañado y no entiende esto porque los niños viven realmente el hoy. Por esta razón, es mejor usar lo que se llama en psicología el refuerzo positivo (se refiere en dar algo positivo, por hacer alguna conducta positiva.) Es decir usar más los premios, por llamarlos así. Claro está que el premio no debe ser solamente cosas materiales: el admirarlo, validarlo, agradecerle, felicitarlo, demostrarle afecto mediante halagos, caricias, etc., son la mejor manera de premiar las buenas conductas o logros que el niño lleve a cabo.

- Las amenazas no funcionan como los papás esperan. El niño haría caso es por evitar un castigo, y se harían las cosas bajo esa presión. Funciona mejor el ofrecerle un privilegio que vendrá luego de que el niño obedezca en algo. En este caso, la recompensa puede ser jugar algo que al niño le guste o simplemente unas caricias o demostraciones de afecto.

- Los gestos de rechazo o desaprobación generan confusión y rechazo en los niños. El lenguaje no verbal es universal, es decir, todos los seres humanos lo usamos y significan lo mismo en toda la raza humana, incluso la animal. Por lo tanto, el lenguaje no verbal

107

de gestos negativos ocasiona en el niño rechazo, confusión y posiblemente la imitación de los gestos negativos de los adultos.

• Estos gestos de rechazo lo hacen los padres para intentar modificar conductas de los niños y se hacen para expresar la ira, la impotencia, el malestar, el rechazo y la desaprobación, entre otras. También es importante saber que hay gestos positivos de aprobación, demostraciones de afecto, alegría, validación, admiración, etc., y es mejor usarlos al momento de interactuar con el niño.

• Se aconseja ante conductas negativas de los niños, como pueden ser mancharse, regar el jugo, romper algo, caerse y llorar, entre otras, que usted identificará. El adulto debe usar mejor gestos de neutralidad o de naturalidad, acompañados de la explicación o el hacer asumir la consecuencia del error. De esta manera, el niño no recibirá este rechazo gestual por tener conductas normales de niños de esa edad y mejorará la comunicación no verbal y, lo más importante, se obtendrán mejores resultados. Solo entrénelo y verá los resultados.

• Cuando usted se desespere porque el niño realmente está aprendiendo y hace las cosas como usted no espera ni le parecen, es más favorable que usted se retire del sitio un rato hasta que baje la ira o el sentimiento de impotencia. Al pasar ese tiempo, lo apoya y le explica cómo hacerlo mejor.

• A la hora de corregir no es buena idea dar razones a los niños. Por ejemplo decirle: "mira eso es muy costoso y yo me mato para conseguir el dinero". En cambio, a la hora de enseñar se usa mejor la explicación. Por ejemplo, "el jugo que regaste manchó el piso, debes tener más cuidado la próxima vez, ayúdame a limpiar el reguero". Es recomendable que usted le hable y lo mejor, le modele y enseñe al niño el cómo llevar a cabo alguna actividad o tarea, o a corregir algo.

- El llanto de un niño, por la razón que sea, por lo general es ante una caída, un golpe, si siente hambre, por una negativa suya o el malestar por estar enfermo. Así que no lo cohíba de llorar, ya que el llanto se produce de manera natural por situaciones de incremento del estrés en el organismo o ante el dolor emocional, y liberarlo mediante el llanto es realmente necesario. Por esta razón, nunca le diga a su hijo que no llore. Por el contrario, déjelo llorar de principio a fin y de esta forma le permite la expresión de esos sentimientos.

- El abandono es realmente la peor forma de maltrato en algunas culturas, y por la modernidad y sus dinámicas sociales y familiares, se presenta con frecuencia que las parejas que tienen hijos no conviven juntos, o que realmente el papá en la mayoría de los casos se aleja del niño, o en otros casos las mamás al tener un esposo irresponsable, mejor deciden alejarlos. En otros casos se presenta lo contrario, es decir que las mujeres abandonan o se alejan de los hijos. Sea el caso que sea, los niños tienen padres y ambos deben estar haciendo presencia en la crianza. Si están unidos es importante su presencia: tener tiempo de compartir, frecuente y diario, dejar de trabajar tanto si es así, o ambos padres coordinar las mismas pautas de crianza saludables. Por eso la educación en las pautas de crianza debe ser prioridad y es mejor hacerlo a manos de profesionales en psicología, especializados en el tema.

- Si el padre está totalmente ausente por las razones que sean, la persona que queda a cargo debe formar de la mejor manera. En caso de que el padre sea separado, se debe permitir la visita, el compartir de forma sana y brindar el derecho a ver al niño. Se ha visto en algunos casos que las mamás o los papás que poseen la custodia del niño, roban el derecho de disfrutar y compartir al papá que vive con el niño, prácticamente secuestrándolo o hablando mal del papá o de la mamá que no vive con el niño. Esto genera un gran daño al niño y deben llegar a acuerdos saludables. Todo lo anterior, si no se presenta consumo de sustancias psicoactivas, o conductas bizarras en el padre o la madre que no convive con el/la niño/a. Asistir a un centro de comisaría de familia para resolver estos conflictos es la mejor opción.

• En caso de drogadicción de uno de los padres o de otras conductas de maltrato, se debe considerar que el padre o la madre que esté involucrado/a haga un proceso de cambio para acceder a su derecho de ser padre o mamá. En otro caso, si se es consciente de que un papá o una mamá que presenta conductas negativas y perjudiciales para el niño, que mejor no lo vea. Como digo yo: "si no va a cooperar de una manera sana con la educación del niño, que no lo perjudique". En estos casos la delimitación es la mejor opción y la atención profesional por parte de un psicólogo debe ser de primer orden.

• Si se identifica que usted como padre, madre o cuidador usa la comparación con otros niños o familiares de la edad del niño, para que su hijo haga algo positivo, deje de hacerlo. Esto genera es baja autoestima, ira, tristeza y resentimiento. En vez de esta comparación, apóyelo en que mejore sus habilidades y apruebe cualquier avance que el niño tenga en el área que usted vea que necesita mejorar.

- Si usted usa la motivación negativa (significa que usted critica, compara, amenaza, regaña, hace gestos de rechazo, invalida y descalifica al niño para obtener algo, deje de usar ese método. De esta manera, solo va a generar que el niño se sienta mal, se llene de sentimientos de impotencia, ira, frustración y desee vengarse directa o indirectamente de usted.

- Si el niño, adolescente o joven es agresivo debido a sus métodos, usted debe dejarlo que libere su ira en un cuarto en el que pueda darles golpes a cojines o que escriba su malestar y luego lo escucha y le explica que es mejor hablar luego de expresar su ira.

- Diseñe un espacio exclusivo para su hijo, de los 0 a los 5 años, donde tenga un tablero o una pared para dibujar y rayar, tener los juguetes suficientes "ni pocos ni muchos", de colores, texturas variadas, didácticos y constructivos, pueda saltar, caerse, rebotar, expresarse con libertad física y verbalmente, pueda reírse y explorar. Este espacio antes de los 5 años debe estar en la casa o el apartamento. Obviamente el niño debe salir de casa y lo deben llevar a espacios de niños. De esta manera fuera de la casa o el apartamento, puede expresarse libremente y así no tendrá usted que decirle "no, cuidado, eso no se hace", etc. De lo anterior, el niño no será inhibido ni tendrá prevenciones innecesarias en el presente ni en el futuro.

Maltrato desde los 12 años hasta los 18 o más

A continuación se mostrará un test de respuesta simple **SÍ** o **NO** para evaluar en los padres o cuidadores el concepto de educación citado en este libro. Tómese un buen tiempo para responderlo y para identificar sus pautas de educación.

Test para evaluar si los padres o cuidadores están maltratando a los adolescentes y jóvenes, desde los 12 años hasta los 18 o más

Marque con una equis **(X) SÍ** o **NO**, si usted como padre o cuidador presenta el comportamiento descrito en las preguntas del test.

Preguntas	Si	No
1. ¿Usted saca en cara o menciona todo lo que ha hecho por sus hijos, en forma de reclamo?		
2. ¿Usted motiva o pretende formar al menor comparándolo con otros, pretendiendo que mejore alguna conducta o el rendimiento académico?		
3. ¿Usted lo descalifica, le menciona a toda hora lo negativo y lo critica constantemente?		
4. ¿Usted lo grita, lo descalifica, lo regaña y luego se pasa al otro extremo de decirle que lo ama, lo quiere, y lo adora de manera frecuente?		
5. ¿El tiempo que usted comparte con el niño, adolescente o joven es limitado y se resume en solo corregir, revisar tareas o dar órdenes, y es papá o mamá por chat o red social?		
6. ¿Si usted es separada/o habla permanentemente mal de su pareja delante de su hijo, niño, adolescente o joven?		
7. ¿Usa usted castigos exagerados y no proporcionales a las fallas que su hijo comete?		
8. ¿Usted se centra en los aspectos negativos y se los reclama criticando y olvidando las cosas buenas y acciones positivas que su hijo/a tiene?		
9. ¿Usted usa el maltrato físico golpeando, tirando cosas y maldiciendo a sus hijos cuando tiene dificultades?		
10. ¿Usted saca frecuentemente en cara sus esfuerzos, económicos y de tiempo, de entrega a sus hijos, pretendiendo que ellos cambien alguna conducta?		

Interpretación del test

Si usted marcó **SÍ** a más de cuatro de los diez ítems, debe prestar atención porque está maltratando.

Se aconseja estudiar y practicar los tips propuestos en los temas referentes a las preguntas en las que se respondió **SÍ**, en la sesión de consejos para prevenir el maltrato.

Consejos para prevenir y dejar de maltratar a los niños de los 5 a los 12 años hasta los 18 o más, y así educar sin temor, fomentar la motivación positiva y aprender a formar mediante mejores y más efectivas maneras

• En estas edades usted debe enseñarle a su hijo/a responsabilidades, orden y autonomía. Lo seguirá maltratando o estará maltratando si continúa motivándolo de manera negativa al usar las descalificaciones, comparaciones, críticas, apodos, gestos de rechazo o amenazas, o sacándole en cara todo lo que usted hace por él para pretender "educar bien".

• El maltrato genera resentimiento e ira en el/la niño/a, adolescente o joven. Estos jóvenes no se pueden expresar de manera adecuada con palabras, o en ocasiones sí, pero se expresan siendo rebeldes y resentidos, y mostrando conductas negativas de llamar la atención y de venganza inconsciente y automática. Al referirme a inconsciente, quiere decir que ellos no son conscientes de que esta sea la manera de hacerlo correctamente (les recuerdo que ustedes son los adultos) y son estas actitudes y conductas indicadoras de riesgo de comportamientos problemáticos en un futuro.

- Si usted tiene aprendido por sus modelos de familia e historia, el método de la comparación para formar a sus hijos, evite hacerlo de acá en adelante. La comparación no es un buen método: imagínese que a usted lo comparan con alguien o recuerde cuando lo han hecho con usted. Esto genera un sentimiento negativo en quien es comparado. Por lo tanto, use mejor la pregunta "¿por qué razón hizo tal cosa así?" y deje que el niño o adolescente le dé sus explicaciones. Luego enséñele la mejor manera de hacerlo o pregúntele qué propone él para hacerlo mejor. Preguntar al niño, adolescente o joven que opine sobre una solución es muy favorable ya que se sentirá que es y será parte de la solución.

- Maltratar, descalificar, criticar, comparar, golpear cosas, etc., y al poco tiempo reforzar, felicitar o demostrar afecto es perjudicial. A esto se le llama *maltrato intermitente* o, mejor dicho, *beso y correazo*. Si se acostumbra a hacer este tipo de método correctivo, es mejor y recomendable pararlo debido a que genera más consecuencias negativas que positivas; de acá que lo mejor y más recomendado, es detener las maneras de maltrato y el otro extremo de consentir intermitentes y preguntar qué sucede con estas conductas. Use mejor el diálogo y las preguntas. De esta manera se detendrá el conflicto.

- Comparta mejor tiempo y en más cantidad con sus hijos. Los abandonos generan una manera de maltrato poco notorio por parte de los padres. En alguna ocasión le escuché a una señora decir que el hijo estaba pidiendo a gritos que necesitaba a la mamá y al papá, y esto lo hacía tener malos comportamientos, es decir llamando la atención. La presencia presente y permanente es necesaria, así como incrementar el tiempo para hablar, preguntar, escuchar y conversar. Los conflictos alejan a ambas partes, por eso se propone el acercamiento. Así sea para discutir, estas discusiones cotidianas sirven para aprender a resolver la cotidianidad.

• Según sea la relación de los padres, ambos deben compartir y participar presencialmente en la formación de sus hijos y no mediante la tecnología. He tenido pacientes que dicen: "mi hijo tiene un buen papá", lo cual resulta ser falso porque lo ve cada 15 días y se habla con él todos los días pero por celular y WhatsApp. A estos papás o mamás les llamo papás chats o papás electrónicos. La presencia presente es importante.

• No hable mal a su hijo/a del papá o viceversa, así no sea este otro la mejor persona. Permita que el niño o joven aprenda a formar su propio criterio. Tampoco hable lo que no es, en el caso contrario, engañándolo al decir que es un muy buen papá o muy buena mamá, cuando no lo es en verdad. Los niños o jóvenes se adaptan a cualquier realidad y no crea que si tienen un mal progenitor, se les va a pegar a sus hijos.

• Si la falla de su hijo es de 50 sobre 100, siendo 100 una falta máxima, la consecuencia debe ser de 50 en intensidad. Conocí una paciente que porque el hijo adolescente se voló para una fiesta, lo castigó tres meses sin salir, lo cual generó un resentimiento poco educativo en este joven. Entonces procure ser moderado con las consecuencias que el niño o joven debe asumir por alguna falta.

• No le mencione constantemente lo negativo y tampoco centre su atención en lo que falla siempre. En psicología esto se llama "atención selectiva a lo negativo" y ocurre cuando se presentan conductas negativas en el niño o joven, que no dejan ver o fijarse en los muchos aspectos positivos que existen realmente. Recuerde que él también verá lo negativo de usted como padre o cuidador formándose un círculo perjudicial para ambas partes. Equilibre esta atención selectiva a lo negativo, descubriendo o mejor redescubriendo las fortalezas y los aspectos positivos que el niño o joven adolescente posee y mencióneselos con una frecuencia normal. Él se sentirá mejor y también le devolverá esto seguramente a ustedes.

• Cambie el castigo físico y los maltratos psicológicos como las descalificaciones, comparaciones, críticas, burlas y caricias fastidiosas. "Este tipo de maltrato es muy sutil, es como dar un pellizco enmascarado de amor". Es decir, el papá o la mamá tiene ira con el hijo y lo disfraza de amor. Cámbielo por el diálogo, las preguntas como "¿por qué razón no hiciste esto?", el abrir espacios de acercamiento a los hijos y por las demostraciones de afecto, validaciones por los comportamientos y valores de los hijos.

• No saque en cara lo que usted ha hecho o hace por su hijo, en el aspecto material o afectivo, para pretender que él le responda o por otra razón que usted lo haga. Identifique si es su costumbre sacar en cara eso y deje de hacerlo. Lo mejor y más aconsejable es que fomente en su casa la reciprocidad, es decir, establecer que sus hijos tienen deberes, estudiar y pasar los años y aprender, respetar, cooperar en la casa de la manera justa, demostrar afecto y acompañar a los papás o demás familiares y por esto recibe techo, cuidado, afecto, protección, bienes materiales, alimentación y orientación, y viceversa; de esta manera, todos se sentirán mejor. Dar y recibir de forma justa.

- También es importante que si usted como adulto presenta problemas emocionales los resuelva. En ocasiones las cargas personales no resueltas de los papás o cuidadores generan que estos las expresen con los hijos. Acá también caben los problemas de pareja no resueltos.

Padres separados. El maltrato también se da cuando los padres son separados y uno de ellos, padre o madre, habla mal del otro por resentimientos de pareja o porque no se entienden. También cuando uno de ellos da más bienes materiales que el otro para ganar el afecto del niño o adolescente, produciendo una sensación confusa en los hijos, o cuando esconden a los hijos del padre o la madre los fines de semana que los pueden ver, por orden de las comisarías de familia o jueces. En este caso el niño se da cuenta. Por lo general, el esconder al hijo se hace con mentiras o inventando actividades ficticias. Por otra parte, la cantaleta constante es también maltrato. Por ejemplo, al desaprobar su físico para ver si el/la niño/a o adolescente deja de comer tanta azúcar, o al criticarle acciones como algunas malas calificaciones. Otro tipo de maltrato es el físico o el castigo psicológico. El físico es golpearlo de alguna manera y el psicológico emocional es cuando se imponen castigos desbordados como quitar muchos permisos por faltas menores. También los gestos de desaprobación que usted les pueda estar haciendo ante algunos comportamientos de los niños o adolescentes.

Algo más sobre el maltrato

En un menor de 5 años el maltrato que reciba lo va a asimilar muy intensamente. Un niño estresado y regañado es un futuro joven tenso y afligido, lleno de temores. Solo póngase en los zapatos de un niño cuando lo descalifica y así sentirá lo mismo que el niño. El maltrato está pasado de moda, así como el correazo que algunos profesionales o papás dicen que es necesario. Llenarse de paciencia con los/as niños/as es un proceso de mejor formación que dará mejores resultados. El maltrato y el castigo no funcionan a mediano y largo plazo, y sí generan resentimiento, huellas emocionales negativas, deseo de venganza, resistencia y sabotaje, rebeldía y estados de temor. En cambio, el diálogo, la comunicación, el enseñar el hacer el deber y luego el ganar beneficios, el permitir asumir el error permitiendo que los niños, adolescentes o jóvenes asuman las consecuencias de errores, son siempre más efectivas y trabajar sobre las fortalezas y cualidades de las personas es mejor. Los adultos que presentan emociones negativas vivieron en su pasado maltrato físico o psicológico y todo viene del pasado en la niñez y adolescencia. Incluso antes de nacer hay papás que rechazan a los niños en el vientre y esto deja huellas en el futuro ser humano.

Conclusiones

El maltrato, tanto físico como psicológico, no funciona muy bien a mediano ni largo plazo, y genera resentimiento, deseo de venganza, inhibición y agresión pasiva, entre otras emociones negativas en la persona que es víctima de este. De aquí que es mejor abolirlo y cambiarlo por la comunicación, la explicación, el enseñar a asumir los errores, el explicar que primero se hace el deber y el compromiso, y luego llegará la ganancia y el beneficio. Ante comportamientos negativos se usarán mejores técnicas como es el tiempo fuera, la extinción, la pérdida de privilegios, el pagar los errores corrigiéndolos, etc. Estos se explicarán en el siguiente capítulo.

7. Responsabilidad, autonomía y amor consciente

Casos reales del asumir la responsabilidad, la autonomía y el amor consciente

Los nombres, las edades y algunas circunstancias de los actores de cada caso, se han cambiado para respetar el principio de confidencialidad.

Helena, de 16 años. La conocí en un centro de tratamiento para adiciones. Esta joven comenzó un tratamiento y a los pocos días de fugó del centro de internado. La familia estaba angustiada, sin embargo atendió instrucciones del equipo de terapia, quienes decidieron sentar un precedente y no recibirla en la casa, cuando Helena volviera. Luego de esto, esta chica robó en un supermercado y resultó en una cárcel de menores de edad; en ese entonces tenía 16 años y una condición de terminar el tratamiento de adicciones para poder salir de esa cárcel, lo cual le daba una mejor opción para asumir su cambio. Por otro lado, resalto el valor que los papás tuvieron; eran personas influyentes en la justicia de Colombia y podrían haber evitado este encarcelamiento y el internado. Por fortuna, decidieron permitir que Helena asumiera las consecuencias de sus errores. Este es un ejemplo de unos papás que hacen cambios positivos y ejercen verdaderamente el amor consciente y con responsabilidad. Helena hoy es una profesional exitosa, con una empresa y una calidad de vida estable. La responsabilidad y la autonomía se hicieron realidad luego de los límites que la familia le colocó oportunamente. Gran parte del problema, si no es la mayor parte, se debe a la falta de autoridad de padres o cuidadores.

Gonzalo, de 16 años. Se encontraba interno en un centro de tratamiento de adicciones porque estaba usando sustancias psicoactivas e involucrándose en comportamientos bastante negativos como consecuencia de una familia disfuncional que lo sobreprotegió y fue permisiva con él. Gonzalo lloraba mucho durante esas terapias y la familia cooperaba con las sugerencias que se les daban. Él luego de un arduo trabajo terapéutico logró hacer cambio de amistades negativas, estructurar su área académica profesional y resolvió en buena medida sus conflictos familiares. Por lo anterior, y sin llegar a la perfección, hoy Gonzalo es paciente y un profesional estable, ya tiene 30 años y mantiene los cambios positivos que se lograron en ese entonces. El responsabilizarse de sus asuntos en cada una de las áreas de su vida, lo llevó a mejorar su autoestima, desarrollando las fortalezas para asumir los retos cotidianos.

Natalia, joven de 16 años. Es una paciente que llega con problemas de alimentación a mi consulta particular. Al indagar un poco más, se encuentra que su familia era perfeccionista y exigente con la belleza. Se habían presentado ya cirugías estéticas en la tía y mamá. De lo anterior, esta paciente desarrolla una anorexia. Ella era excesivamente perfeccionista con sus estudios, en los cuales todo era poco suficiente para la familia. Había sido víctima de matoneo en el colegio y decidió ser la más delgada para ser aprobada por sus amigas que la molestaban y matoneaban en el colegio. Esta chica en su misma exigencia, se comprometió con su tratamiento del problema de alimentación, se trabajaron las carencias afectivas y las sobreexigencias de su mamá y sus tías. Natalia comienza a alimentarse saludablemente y deja los miedos a su imaginaria gordura. Comprueba que si se alimenta bien no sube de peso y que puede ser exitosa, pero sin sobreexigirse. Y lo más importante, manejando un equilibrio en las áreas de su vida. Hoy en día, luego de conocer y asumir el cambio de sus falencias y esquemas rígidos, el no buscar aprobación de los demás, entre otros hallazgos durante su proceso, ella desarrolla un equilibrio en su alimentación y en las áreas de su vida, y descubre que al comenzar a aceptarse con sus valores y fortalezas puede ir dejando más y más de lado su imaginaria debilidad.

Caso de una joven responsable, equilibrada y autónoma

Camila, de 25 años. Es una joven que desde su infancia sus padres le enseñaron a que primero eran el cumplimiento de su hacer, sus responsabilidades y compromisos, y luego podía recrearse y descansar. Con esta simple relación y juego, ella actualmente está en una estabilidad y sin esfuerzos algunos, lleva a cabo una vida ordenada, sintiendo satisfacción, una buena autoestima y un significado en su vida y actividades. Los padres en algunas ocasiones llevados por la impotencia y la ira ante fallas normales de esta joven, necesitaron un regaño o un castigo, sin embargo rápidamente corregían estos métodos. Lo anterior porque en algunas ocasiones ante fallas normales de su adolescencia, los papás decidieron negociar y usar la firmeza y el límite adecuado. De tal manera que la armonía en las relaciones de la casa fueron y son muy estables., También hay que tener en cuenta que esta joven cometió errores, sin embargo los afrontaron de la manera adecuada, y algo importante; la validación, la aprobación, la aceptación de cómo era ella, el reconocimiento, la admiración justa y el premio merecido, el fomentar la autocompetencia, y corregir adecuadamente, eran los métodos de motivación que se usaban comúnmente. De lo anterior, los mejores resultados en el desarrollo de la responsabilidad y la autonomía de esta joven.

¿Qué es la responsabilidad, la autonomía y el amor consciente?

Responsabilidad: significa un valor de la persona y se enmarca en la capacidad de tomar decisiones y de asumir las consecuencias de sus acciones, de manera consciente. Esto se desarrolla en la medida en que la persona nace y va creciendo en edad.

Autonomía: es la capacidad de autoformarse cada vez de mejor manera, es poder establecerse unas formas adecuadas y fomentarse reglas, sin necesitar o mejor necesitando cada vez menos de factores externos.

Amor consciente: es poder enseñar a asumir la cotidianidad de la vida, permitiendo que los hijos o menores adolescentes y jóvenes se desarrollen sananamente. De aquí que amor es enseñar, fomentar la sana autonomía y la responsabilidad. Es facilitar el desarrollo de las fortalezas, valores, motivación, cualidades, aptitudes, equilibrio, inteligencia emocional, destrezas, libertad responsable, significado de vida, autoestima, liderazgo y la verdadera identidad usando métodos eficientes y más efectivos. El amor que ayuda es **"no hacer algo por el otro, cuando él lo pueda hacer por sí mismo"**; y el que no ayuda es **"hacerle todo al otro, creyendo que él no lo puede hacer por sí mismo"**.

La palabra consciente en este escrito significa que los padres o cuidadores, incluso los niños, adolescentes, jóvenes y adultos, actúan con conocimiento de lo que hacen. Y todo lo anterior enfocado a la educación integral de los hijos o personas en formación.

En este aparte de la responsabilidad, la autonomía y el amor consciente es importante comprender el verdadero amor responsable, el amor sin extremos y con equilibrio. La estabilidad, el equilibrio, la homeóstasis y la armonía. Además, el amor consciente significa, el amor de la protección y el cuidado justo, y no de la sobreprotección. El amor del permitir y colocar límites a los menores, adolescentes y jóvenes cuando es necesario, pero sin llegar a la permisividad. El amor de la admiración, el reconocimiento, la validación y las demostraciones de afecto, pero sin desbordes ni llegar al endiosamiento. El amor del dar cosas materiales con moderación y disfrute verdadero, pero sin excesos nocivos ni ir hasta la sobreestimulación. El amor con exigencia oportuna, moderada y eficaz, pero sin llegar a la sobreexigencia. El amor para aprender a motivar, formar, educar, moldear niños y jóvenes autónomos y responsables, pero sin ejercer el maltrato.

Todo lo anterior para aprender a enseñar con amor positivo, desde la validación, admiración justa, desde el reconocimiento y uso de las fortalezas, cualidades, aptitudes, el refuerzo positivo, las demostraciones de afecto, las caritas felices, los premios justos, etc. Y el amor que enseña desde el diálogo y que cuando hay que tomar medidas y decir **"NO"**, hay que hacerlo separando el sentimentalismo de las acciones firmes cuando hay que tomarlas, para lograr los cambios y ver mejores resultados en este mundo moderno. De esta menara, se podrán dar ustedes cuenta de que estos métodos funcionan mejor.

Amor que maleduca: Este es el amor orientado a la sobreprotección, la permisividad, el endiosamiento, la sobreestimulación, la sobreexigencia y el maltrato.

Equilibrio: Significa un punto medio que balancea los extremos, partiendo de que los extremos siempre son negativos.

Por lo anterior, nos enfocaremos en las soluciones y no en los problemas. De acá que comenzaremos con consejos para el desarrollo de estos valores: responsabilidad, autonomía y equilibrio en los niños, adolescentes y jóvenes, y por qué no decirlo, también en adultos.

Reciprocidad: Este término significa intercambios fundamentados en el equilibrio, en los cuales ambas partes hacen cosas y obtienen resultados. En la medida que sea equivalente, ambas partes se beneficiaran y experimentaran una armonía.

Firmeza y límites: Este es el término para poder describir mejor la manera de poner un límite ante un error del niño, joven o incluso adulto. En el siguiente ejemplo se puede ver cómo ser firme y poner un límite cuando se necesita. No tiene nada que ver con el maltrato y el castigo, y lo más importante, funciona mejor para educar. Un joven tiene un permiso para ir a una reunión. En esta ocasión, la reunión estaba buena y decidió quedarse dos horas más pero no avisó a sus padres. Además, no contestó el celular ante las llamadas de sus padres preocupados. De aquí que al llegar a la casa, los papás le preguntaron "¿por qué llegaste dos horas después de lo acordado y no contestaste el teléfono?". El joven dice que estaba buena la reunión. Los padres simplemente le responden que para las próximas dos salidas no va a poder ir y que queda claro que hay que avisar la próxima vez con una llamada. Además, que los papás deciden si conceden y acuerdan el alargar la hora de llegada. Lo anterior se llevó a cabo sin maltratar, descalificar, comparar, regañar ni amenazar. Y algo final quedó claro: el acuerdo sobre la hora de llegada y de avisar ante una eventual demora.

Hasta acá hemos identificado, medido y dado consejos útiles para prevenir los factores de riesgo respecto a los temas planteados en este libro como *la sobreprotección, la permisividad, el endiosamiento, la sobreexigencia, la sobreestimulación y el maltrato, con sus características: el abandono, la descalificación, la motivación negativa y la comparación.* Por el contrario, un aspecto más favorable es el fomento de la responsabilidad, la autonomía, el amor consciente y el equilibrio.

Es importante poder entender que existen muchos padres de familia y formadores que han educado para la responsabilidad y la autonomía, y hoy los niños, adolescentes y jóvenes ya están bien direccionados. Por eso se deben considerar afortunados en el trabajo que han hecho. La educación no es prefecta, sin embargo se sabe que muchas personas estables y bien educadas han aprendido esto de sus padres o formadores.

De otra manera, si ya se ha maleducado, se debe dar un giro a la formación; y si se ha educado a medias, también. Es muy difícil encontrar que algunos padres o formadores no hayan caído en estas pautas negativas que ya mencionamos, pero lo más importante es poder entender estos nuevos y mejores principios de formación. Por último, lo más significativo es ponerlos en práctica y observar o medir los resultados. La información de este libro también funciona de muy buena manera con personas de todas las edades. Nunca es tarde para continuar desarrollando la responsabilidad, la autonomía y el amor consciente.

Desarrollo de la responsabilidad, la autonomía y el amor consciente

La mejor manera de enseñar la responsabilidad es lograr que los padres cambien las maneras inadecuadas de formar, así estas ya sean aprendidas y usadas durante años. De algunos padres o cuidadores deben mejorarse a través de métodos más sabios y funcionales.

Principio de la reciprocidad entre hijos y padres, y viceversa.

A continuación, se presentan los cuadros, donde se explica mejor la relación reciproca de los deberes y compromisos, y los derechos y beneficios. Si usted desea colocar más información en los espacios que sobran, lo puede hacer.

Deberes y compromisos, y derechos y beneficios de los padres o educadores con los hijos o menores de los 0 a los 5 años

Deberes y compromisos	Derechos y beneficios
• Cuidar. • Proteger. • Alimentar. • Hacer presencia. • Seguridad material. • Bienes materiales necesarios. • Brindar afecto y caricias.	• Disfrutar a los hijos.

Deberes y compromisos, y derechos y beneficios de los niños de 0 a los 5 años con los padres o educadores

Deberes y compromisos	Derechos y beneficios
• Dormir. • Jugar. • Llorar.	• Jugar. • Explorar. • Llorar. • Alimentarse. • Vestirse. • Al afecto. • Al cuidado. • A la salud. • A las caricias. • A la atención.

Deberes y compromisos, y derechos y beneficios de los padres o cuidadores con los niños, adolescentes o jóvenes luego de los 5 años, hasta los 18 y los 25 o más años

Deberes y compromisos	Derechos y beneficios
• Cuidar. • Proteger. • Brindar educación. • Alimentar. • Hacer presencia. • Seguridad material. • Bienes materiales necesarios. • Brindar afecto. • Brindar orientación.	• A la compañía de los hijos. • Al afecto de los hijos. • La satisfacción de verlos. • A que los hijos colaboren con asuntos de familia y casa. • Al respeto de los hijos. • A ser correspondidos con la inversión económica y afectiva del estudio. • Al apoyo cuando los papás lo requieran.

Deberes y compromisos, y derechos y beneficios de los niños, adolescentes o jóvenes con los padres luego de los 5 años, hasta los 18 y 25 o más años

Deberes y compromisos	Derechos y beneficios
• Comenzar a ordenar su espacio. • Asearse. • Recoger sus pertenencias. • Ordenar su desorden. • Levantarse a horas acordadas. • Cumplir con las tareas. • Demostrar afecto a sus padres y hermanos. • Respetar los acuerdos de la casa. • Respetar a las personas mayores en jerarquía. • Respetar a sus compañeros y otros pares. • Aprovechar el estudio y la capacitación que ofrecen los papás. • Trabajar luego de los 18 años si es posible y necesario.	• Disfrutar la familia y el espacio material de la casa. • A la alimentación. • Al afecto. • Al techo. • A la salud. • A la educación. • A las prendas de vestir. • A la compañía de los padres y demás familiares. • La recreación y el descanso. • A la atención. • A recibir un buen ejemplo y educación. • A los bienes materiales.

De lo anterior, se propone en la siguiente actividad a conocer y practicar de manera constante, frecuente, consistente y coherente, sin dejar de hacerlo cumplir ni una sola vez ni de manera intermitente; es decir, unas veces sí y otras no.

El juego del hacer y ganar

Esta es una técnica muy sencilla que hace principal énfasis en enseñarle al niño o adolescente joven, que todo de acá en adelante se lo gana él y se lo quita él mismo, y que los padres o los cuidadores solo administran este orden, que tiene un sustento científico muy básico y lo más importante es que funciona. El principio científico que es explicado por la psicología y ciencia del comportamiento es el siguiente:

El cuadro o juego de hacer y ganar consiste en que si primero se lleva a cabo **el hacer, el deber o el compromiso**, luego tiene derecho a **ganar el beneficio.**

Ejemplos de maneras correctas de practicar el juego del hacer y ganar:

- *Hacer el compromiso*: el niño hace una tarea.

- *Ganar el beneficio*: luego juega con un amigo.

- *Hacer el compromiso:* ordena su habitación temprano en vacaciones.

- *Ganar el beneficio*: puede pasar a desayunar.

132

- *Hacer el compromiso:* hace la tarea el viernes en la tarde.

- *Ganar el beneficio:* el sábado va a la escuela de fútbol en la mañana.

Ejemplos de maneras <u>incorrectas</u> de practicar el juego del hacer y ganar:

- *Hacer el deber o compromiso:* no hace la tarea.

- *Ganar el beneficio:* lo dejan jugar con el amigo.

- *Hacer el deber o compromiso:* ordena la habitación en vacaciones.

- *Ganar el beneficio:* no lo dejan jugar con tecnología.

- *Hacer el deber o compromiso:* no hace la tarea el viernes.

- *Ganar el beneficio:* el sábado va a la escuela de fútbol en la mañana.

La anterior estrategia no se debe hacer. Si el juego del hacer y ganar se hace de manera inconsistente e intermitente, no se está enseñando la autonomía, la responsabilidad y el amor consciente y puede ser contraproducente.

La manera adecuada de hacerla es tener en cuenta los siguientes aspectos y normas cardinales, Estas reglas, acuerdos, o normas siguientes, son de especial atención a la hora de tener más éxito en el proceso del hacer y ganar, trate de seguirlas a detalle y corrija errores, equivocaciones que se presenten en el proceso.

Para aplicar esta sencilla y efectiva técnica se deben cumplir ciertas reglas y normas cardinales no negociables por ninguna de las partes:

- No quitar el afecto cuando el niño, adolescente o joven se equivoque.

- No amenazar cuando el menor o joven no desee hacer algo con buena voluntad.

- No criticar en el momento de formar o educar.

- No regañar ante los errores del menor o joven.

- No maltratar ni física ni psicológicamente cuando se pierda la paciencia de ambas partes: tanto adultos como menores.

- Enseñar al niño, adolescente o joven a que él mismo se gana las cosas y él mismo se las quita, y que el papá, la mamá o el cuidador solo hace cumplir este juego y discuten el hacer y ganar entre ambos.

- Se reúnen todos para acordar el hacer deberes y compromisos, y cómo ganar los beneficios. Se escucha a ambas partes, pero los padres o cuidadores son los que finalmente garantizan que primero se planteen y hagan los deberes o compromisos, y luego el ganar los beneficios.

- La última regla, consiste en que los sábados y domingos se

134

podría hacer una excepción a la práctica del juego del hacer y ganar. Un descanso en estos días para todos, también es parte del hacer y ganar. Aclaro, luego de una semana estable de logros y avances.

Significado del hacer los deberes, compromisos o responsabilidades y adquirir el derecho o los beneficios

Compromisos o deberes:

- Responsabilidad.
- Compromiso.
- Acción.
- Inversión de energía.
- Esfuerzo, etc.

Ganar beneficios:

- Premio.
- Recompensa.
- Refuerzo.
- Placer.
- Bienestar.
- Descanso, etc.

La fórmula del hacer y ganar

Todas las personas en las diferentes y progresivas edades deben manejar esta relación entre el hacer y el ganar.

135

Los niños pequeños, de 4 o 5 años: lloran y juegan y así ganan y obtienen todo lo que necesitan.

Los niños más grandes, de 5 a 12 años: juegan y comienzan a recoger sus cosas. Luego obtienen todo lo que necesitan.

Los adolescentes de 12 a 18 años: estudian y cooperan con cosas de la casa y luego obtienen todo lo que necesitan.

Los adultos y jóvenes de 18 años a más edad: estudian y trabajan y luego obtienen todo lo que necesitan.

Los adultos mayores de 18 años hasta la edad adulta: siguen trabajando y capacitándose y luego obtienen todo lo que necesitan.

Los adultos más mayores: siguen trabajando o jubilándose y luego obtienen todo lo que necesitan y recogen de lo que han sembrado.

Cuadro explicativo del juego del hacer y ganar

El siguiente cuadro nos va a explicar el porqué es tan útil este juego en la vida de los niños hasta la edad adulta. Además sirve para aplicarlo a todas las áreas de la vida de cualquier persona. Esta simpe relación nos enseña fácilmente por qué practicar el juego del hacer y ganar.

Cuadro explicativo del juego apropiado del primero hacer para luego ganar

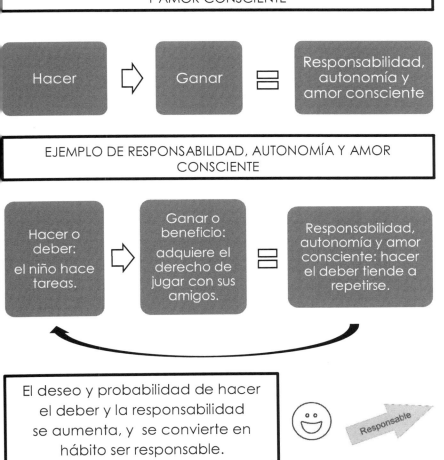

RELACIÓN DE LA RESPONSABILIDAD, AUTONOMÍA Y AMOR CONSCIENTE

Hacer ⇨ Ganar ＝ Responsabilidad, autonomía y amor consciente

EJEMPLO DE RESPONSABILIDAD, AUTONOMÍA Y AMOR CONSCIENTE

Hacer o deber: el niño hace tareas. ⇨ Ganar o beneficio: adquiere el derecho de jugar con sus amigos. ＝ Responsabilidad, autonomía y amor consciente: hacer el deber tiende a repetirse.

El deseo y probabilidad de hacer el deber y la responsabilidad se aumenta, y se convierte en hábito ser responsable.

Responsable

Cuadro explicativo de la manera inapropiada del primero ganar y luego hacer

RELACIÓN DE IRRESPONSABILIDAD, DEPENDENCIA
Y AMOR QUE MALEDUCA

EJEMPLO DE IRRESPONSABILIDAD, DEPENDENCIA Y AMOR QUE
MALEDUCA

El deseo y la probabilidad de hacer el deber y la responsabilidad disminuye, y se convierte en castigo hacer el deber o ser responsable.

Por la anterior relación, si primero se hace el deber y luego el placer, la persona adquirirá este hábito, así como la relación de la responsabilidad, y lo puede adoptar en todas la áreas de su vida: emocional, laboral, académica, profesional, afectiva de pareja, familiar, social, espiritual, etc. Así, la responsabilidad, autonomía y una autoestima estable y favorable se convertirán en algo natural y cotidiano, lo cual garantiza el éxito en la vida.

El bienestar en su gran mayoría se genera en la capacidad de afrontar la vida y muchos de los consultantes que llegan a consulta tienen invertida esta relación, y por tal razón, al hacer primero el ganar o el placer, y luego tener que hacer el deber, esto se convierte en una tarea tediosa y aversiva, por lo tanto el resultado es el castigo, el cual disminuye el deseo de hacer el deber.

Este juego es el más recomendado para los niños, adolescentes y jóvenes, de los 4 a los 18 años y más edad, e incluso con los adultos. De esta manera se desarrollara la responsabilidad, la autonomía, y se llevara a cabo la sencilla manera de lograr ejercer el amor consciente.

Tabla de juego del hacer y ganar

También la menciono como la tabla, en la que se va a lograr que los niños, adolescentes, jóvenes y hasta adultos, incluso ustedes mismos puedan practicar y aprender este valioso y sencillo ejercicio.

Esta tabla se debe hacer en una cartelera, tablero de marcadores borrables o de tiza, o como ustedes prefieran. Lo importante, es que se coloque en lugar visible, y que se lleve a cabo en el proceso de aprendizaje o reaprendizaje. Por último, esta tabla servirá para toda la familia o la institución donde se lleve a cabo el juego.

Tabla del juego del hacer y ganar

Hacer el deber y el compromiso	Cumplió	Ganar el beneficio	Cumplió
Ej. Recoger sus cosas.	Sí	Puede salir a jugar.	Sí
Ej. Recoger sus cosas.	No	Hasta que no cumpla no puede salir a jugar.	No
Ej. Hacer tareas primero.	Sí	Luego de presentarlas a su mamá o al que lo supervisa, puede pasar a recrearse.	Sí
Ej. Hacer sus tareas usando la tecnología necesaria.	Sí	Puede disfrutar sanamente de la tecnología recreativa.	Sí

Consejos para mejorar la autonomía y la responsabilidad y enseñar el amor consciente en los niños, adolescentes, jóvenes o adultos

- La responsabilidad y la autonomía deben estar acompañadas de algo muy importante para la vida: el bienestar, el cual no se debe pretender al 100 % porque la vida es también dificultad y crecimiento con bienestar y felicidad. Sin embargo, mientras más podamos mejorar el tiempo en que se vive con bienestar, esto será lo óptimo y satisfactorio.

- El uso de la tecnología no es de satanizar. Los niños, adolescentes y jóvenes, incluso los adultos, son usuarios de esta en todas sus presentaciones: tabletas, *smartphones*, computadores de escritorio y portátiles, juegos, etc. Sobre estos, lo recomendable es que su manejo no se pase de tres horas diarias, debido a que la socialización directa y el uso del tiempo no deben ser virtuales. El mundo de la realidad no está en un teléfono o una tableta. Si bien estas son necesarias para diversos temas y pueden facilitar procesos y habilidades, también pueden generar adicciones a la tecnología, riesgos en la red y, lo más importante, el no participar de la cotidianidad, los procesos de socialización, de resolución de problemas, de desarrollo de las habilidades sociales, la expresión de sentimientos tanto positivos como negativos, la solución de problemas en el campo real, la toma de decisiones y el normal afrontamiento de la cotidianidad.

- Es importante tener en cuenta que la tecnología se divide en dos: la necesaria y la recreativa. La tecnología necesaria hace

141

referencia a tareas dejadas por internet, búsquedas de información de buenas fuentes para hacer trabajos e investigaciones y la comunicación necesaria con los amigos y familiares. Y la tecnología recreativa son videojuegos, escuchar música en el *smartphone*, buscar información de entretenimiento en la tableta u otro dispositivo con acceso a internet, etc. Lo anterior se debe manejar en su justa medida y no permitirlo por más de tres horas diarias.

• Los premios, sin que sea necesario llamarlos premios, son como un deber natural tanto para los padres como para los niños o adolescentes. Estos se deben usar en la parte del juego del ganar y deben ser de todo orden. Propongo la variedad de premios o reforzadores cuando se cumplan el hacer, el deber y el compromiso. Estos premios pueden ser halagos, caritas felices, agradecimientos, demostraciones de afecto, cosas materiales proporcionales a los logros, validaciones, reconocimientos, aprobaciones, juegos, esparcimiento, descanso, etc. Los anteriores premios se deben entregar de forma proporcional al esfuerzo, sin exagerar y de inmediato cuando se cumpla el deber, el compromiso y la responsabilidad.

• Los castigos deben ser abolidos. Está demostrado que el castigo no funciona a mediano y largo plazo. Un niño, adolescente o joven, incluso un adulto castigado, volverá muy probablemente a repetir la conducta problema, ya sea por resentido, por venganza o porque simplemente obtiene un beneficio. Se recomienda abolir las descalificaciones, las cantaletas, las culpabilizaciones sacadas en cara, las críticas, las comparaciones, los rechazos, quitar el afecto, los rostros de rechazo y agresión, la agresión física, el quitar desproporcionadamente alguna actividad que al niño le guste por sus faltas, etc.

- La cantaleta o el radio mal sintonizado no funcionan. Es mejor ahorrase tal desgaste y comenzar a saber esperar y dialogar. Sumado a esto, lo más importante es practicar el juego del hacer los deberes y compromisos, y luego ganar los beneficios.

- Un buen método para cambiar el castigo es asumir la consecuencia de sus errores. El no dar el premio, ya sea afectivo o material sin que se hagan los deberes y las buenas acciones o responsabilidades primero. Por favor, no acceda a ganar el beneficio sin que el niño, adolescente o joven haya cumplido con el hacer y el deber.

- Ante los berrinches o pataletas, lo mejor es usar el tiempo fuera, el cual consiste en sacar del espacio físico al niño, adolescente o joven que esté haciendo la pataleta o el berrinche, y luego de que baje la emocionalidad negativa, se puede explicar el paso para resolver el problema. Este tiempo fuera puede durar hasta que realmente se haya calmado el menor. El adulto también puede hacerse tiempo fuera cuando esté salido de casillas, para retomar luego.

- Los niños, adolescentes o jóvenes, al igual que los adultos, se equivocan. Por lo tanto, se debe presupuestar el error en algún porcentaje. Por lo anterior, los papás o formadores deben contar con estos errores para no entrar en frustraciones, ira o sentimientos de impotencia, y ante los errores poder corregir de manera diferente.

- Recuerde que los retrocesos y estancamientos van a ser normales en un proceso de cambio y de educación o mejor, reeducación. No los tome como fracasos. Como le dije a una paciente, "usted no se puede cansar, puede descansar por momentos, que es diferente".

- En la tarea de hacer asumir los errores de los niños o jóvenes, se recomienda guardar la proporción entre la falla o el error y la consecuencia de estos actos. Por ejemplo, si el error es material lo pueden pagar con trabajo o de su mesada; si el error es de irrespeto, lo deben pagar con disculpas directas y enmendar de esta manera la ofensa. Si es de responsabilidades, hasta que no las cumplan no deben pasar al momento de descanso o placer. Estas consecuencias se deben aplicar de manera constante.

- No es aconsejable lo que llamo "la crianza intermitente", la cual se refiere a que usted, algunas veces, regaña, castiga, desaprueba o maltrata físicamente, y otras veces premia, da afecto, consiente y da regalos para premiar y para formar. Estas prácticas hacen más daño que bien porque los padres o cuidadores premian cuando no deben hacerlo o castigan cuando deben premiar y así sucesivamente. Lo adecuado es terminar con la crianza intermitente para pasar a estudiar la crianza coherente, basada en juego de deberes y compromisos, y obtener los beneficios.

- Se aconsejan unas pautas de crianza uniforme, constante, consistente y coherente. Es decir, preferiblemente usar siempre, o la mayoría de las veces, la validación, aprobación y el reconocimiento ante las buenas conductas de los niños y adolescentes o jóvenes, sin olvidar que el ser firme es poder decir que "no" cuando es necesario

144

o cuando se debe quitar un beneficio porque el joven o niño no cumplió con un deber.

• Ante las conductas y los comportamientos negativos como la rebeldía, la desobediencia, la irresponsabilidad y el desorden o el irrespeto, es más favorable usar el tiempo fuera, mejorar la calidad de tiempo compartido, aumentar el tiempo que se comparte con los hijos, compartir otros temas aparte de la formación y el corregir, y compartir momentos de juego.

• Es importante evitar caer en el fenómeno de la *atención selectiva a lo negativo*. Este se representa ante el círculo vicioso que se forma en las guerras de poder entre los padres o cuidadores y los niños o jóvenes. Por eso se recomienda siempre hacer una lista permanente de las cualidades, fortalezas y virtudes de los hijos. A esto le llamo *cambiar el foco de lo negativo a lo positivo*. De esta manera se podrá equilibrar la percepción que se forma de los niños.

• No sienta lástima de un niño o adolescente cuando usted tenga que corregir con amor exigente. Si usted lo hace de una buena forma, el niño o joven le agradecerá con el tiempo.

• Procure desvincular las emociones en el proceso de formación. La culpa, la tristeza, el pesar por el niño o joven, así como el exagerado miedo, entre otros sentimientos no son buenos a la hora de corregir. Recuerde que los niños y adolescentes aprenden mejor por las consecuencias de sus actos, que por las razones, la cantaleta y los regaños.

• Nunca quite ni retire el afecto cuando tenga que corregir a un niño o joven. Se debe mencionar casi siempre que se le quiere, ama, etc. Luego haga cumplir el hacer, la responsabilidad o el deber. Hay papás que usan la retirada de afecto, pero esto realmente es maltrato y lo más importante: no funciona.

• Es necesario identificar las fortalezas de los niños, adolescentes y jóvenes, para poder usarlas en el presente y futuro. Los niños desde pequeños muestran sus destrezas, habilidades y cualidades, las cuales deben ser tenidas en cuenta para apoyarlas, ya sea para que de pronto en un futuro sea una posible profesión o un *hobbie* que dé significado de vida y sea generador de bienestar.

• Tenga en cuenta que le debe explicar al niño, adolescente o joven que él se gana todo y también se lo quita él mismo. De esta manera, él aprende que no es externo ni del papá o de la mamá o de los cuidadores, sino que estas responsabilidades las hará por él para llevar a cabo la verdadera responsabilidad y autonomía. Nunca mencione frases como "si no haces esto, no te quiero o te dejo de querer" y tampoco amenace con no volver a dar una oportunidad de mejorar. Recuerde que la educación es un proceso.

Técnicas de amor consciente para corregir a un niño, adolescente, joven o adulto que está siendo irresponsable y no está siendo autónomo

Técnica de preguntas: esta es una técnica demasiado valiosa para la educación y la formación de personas. Se usa cuando un niño, adolescente, joven o adulto se equivoca o lleva a cabo algún comportamiento no adecuado y quien está a cargo simplemente le pregunta: "¿me gustaría saber el motivo por el que hiciste esto?".

Sencillamente la persona que comete el error tendrá que responder y usted como educador solo debe decirle cuál es la manera correcta de proceder y así llegar a un consenso de ambas partes, las cuales deben expresar sus opiniones.

Extinción: significa que ante los berrinches o las manipulaciones de los menores o jóvenes, usted como padre o educador debe esperar a que la pataleta o el berrinche se acabe (sin acceder al capricho antes de que baje totalmente el berrinche o la pataleta). Luego de media hora de pasada la situación, le puede explicar que de esta manera puede o no obtener un objeto o permiso así como las razones por las cuales no es posible que eso se dé. Ejemplo: el niño desea jugar fútbol sin haber hecho el arreglo de su habitación y comienza el berrinche. Usted no le debe acceder a jugar hasta que se calme totalmente, y luego de mínimo 30 minutos le explica que primero es el arreglo de la habitación y después sí y solo sí puede ir a jugar fútbol. Esto lo debe hacer siempre.

El tiempo fuera: consiste en que si el niño, adolescente o adulto hace un berrinche, una pataleta o una agresión, se debe hacer tiempo fuera. Es decir, se saca del lugar donde se está comportando de manera inadecuada y se deja allí por lo menos 30 minutos. Luego se le explica la razón o las razones del por qué no se debe arreglar el problema desde la agresión ni el berrinche.

Ejemplo: el niño llora y hace un escándalo porque se le niega una colombina. Entonces se le solicita que salga del salón o cuarto y se deja allí durante mínimo 30 minutos, hasta que la emoción se regule. Después se le explica por qué no se le van a dar esa colombina: debido a la cantidad de azúcar que tiene.

147

Asumir los errores: Se refiere y usa cuando el niño, adolescente o joven comete un error. De acuerdo con la falla, se le hace asumir la consecuencia. Por ejemplo, si rompe un celular de un compañero se le explica que lo debe pagar de sus onces hasta que cubra el valor total. Si no cumple un hacer, compromiso o deber, no puede pasar al descanso o esparcimiento. Si irrespeta a alguien, debe pedir disculpas; si derrocha algo de sus pertenencias, como perder un celular, debe reemplazarlo por uno muy económico, hasta que de sus onces pueda comprar uno del mismo valor del que el padre o la madre le habían comprado, y así con un buen número de situaciones que ustedes ilustrarán mientras leen este libro.

Ignorar, mas no la indiferencia

Ignorar un berrinche con gestos de neutralidad es mejor que el gesto de indiferencia. Recuerde que las expresiones gestuales o el lenguaje no verbal se leen a veces más claro que las palabras. El ignorar un berrinche sin justificación es ser neutral y esperar a que se calme el niño o menor, y luego sí poder clarificar el acuerdo y la solución por seguir.

Consultar un profesional en psicología

La psicología es una ciencia que mediante un estudio del caso se encarga de modificar comportamientos y manejar emociones negativas, reaprender a mejorar relaciones interpersonales, motivar a las personas, aliviar estados de ánimo negativos y tratar problemas de comportamiento que no podrían tratarse de otra manera. Por lo tanto, la consulta profesional al psicólogo debe ser de primer orden. La psiquiatría no es recomendable ante problemas de este tipo, a no ser que sea estrictamente necesaria una valoración psiquiátrica en casos que lo requieran, y que esta sea propuesta por un psicólogo antes que ir a un psiquiatra.

Usar fortalezas, virtudes, cualidades y aptitudes positivas

Ya hemos visto en este capítulo de responsabilidad, autonomía y amor consciente unas estrategias más efectivas para educar: fortalezas, cualidades y valores. Una de las mejores maneras de obtener buenos resultados en la educación de los hijos o menores está basada en los aspectos positivos.

Todas las personas tienen valores y aspectos positivos que muchas veces se dejan de lado, no se tienen en cuenta conscientemente o que por las deficientes maneras de educar, la persona las olvida o se centra en lo que falta. En muchos casos la baja autoestima está tan instalada que las personas de todas las edades no reconocen sus valores y fortalezas.

Seguidamente, en el momento en que los papás o adultos eduquen desde los aspectos positivos y sumado a esto, que los niños, adolescentes y jóvenes identifiquen y aprendan a usar sus fortalezas, cualidades y valores se obtendría como resultado una mejor calidad de vida, una educación especial y efectiva, y una sobresaliente relación entre familiares, padres e hijos y demás personas y, por consiguiente, una estabilidad emocional autoestima estable y autovaloración justa.

Ejercicio de identificación de fortalezas, virtudes, cualidades y aptitudes positivas

En la siguiente lista de fortalezas, cualidades y valores, coloque una equis **X** en donde identifique cuáles de estas presenta su hijo, menor, adolescente, joven e incluso adulto, usted o las personas con la que usted comparte su vida. Algo importante: al final del cuadro hay un espacio para que usted ubique otras que encuentre o descubra.

Lista de chequeo de fortalezas, virtudes, y cualidades

1	Relajado/a	
2	Amoroso/a	
3	Comunicativo/a	
4	Accesible	
5	Noble	
6	Comprensivo/a	
7	Leal	
8	Agradable	
9	Honesto/a	
10	Afectuoso/a	
11	Sincero/a	

12	Tratable	
13	Realizado/a	
14	Calmado/a	
15	Animado/a	
16	Respetuoso/a	
17	Estudioso/a	
18	Recto/a	
19	Pacífico/a	
20	Feliz	
21	Bondadoso/a	
22	Tranquilo/a	
23	Despreocupado/a	
24	Inteligente	
25	Capaz	
26	Reflexivo/a	
27	Dinámico/a	
28	Divertido	

29	Responsable	
30	Estable	
31	Tolerante	
32	Conciliador/a	
33	Eficiente	
34	Generoso/a	
35	Amable	
36	Sereno/a	
37	Puntual	
38	Espontáneo/a	
39	Rápido/a	
40	Amigable	
41	Sociable	
42	Expresivo/a	
43	Contento/a	
44	Honrado/a	
45	Trabajador/a	

46	Educado/a
47	Sencillo/a
48	Flexible
49	Activo/a
50	Seguro/a
51	Optimista
52	Alegre
53	Decente
54	
55	
56	
57	
58	
59	
60	
61	
62	

63	
64	
65	
66	
67	
68	
69	
70	

Luego de identificar estas fortalezas, valores y cualidades, puede observarlas más seguido en el hijo o menor que usted educa y tal vez se sorprendió. Posiblemente usted como adulto también se sorprendió al ver las suyas. Resáltelas, foméntelas, apóyelas y trabaje más sobre las fortalezas de sus hijos y de las suyas. Muy seguramente es mejor que centrarse en los errores y las equivocaciones.

Hijos de padres separados o ausentes

Este es el último aparte en el cual hago referencia a un buen número de hijos de padres separados, de hijos de padres que no viven juntos o que nunca se comprometieron ni están presentes en las vidas de los hijos. Esta es una población de especial atención al momento de hablar de educación, formación y crianza. El problema acá es el

154

drama: creer que por esta razón de no tener a sus padres unidos, esto es terrible y el niño va a estar incompleto. Si bien es importante la presencia de ambos padres: mamá y papá, no necesariamente tengan los adultos que dramatizar esta situación. El verdadero daño se hace cuando se le menciona o se le percibe al niño, adolescente o joven, incluso adulto, que por no tener a su papá cerca es terrible o, en el peor de los casos, odiar a los hijos y al mismo tiempo amarlos, por estar resentido con el papá o la mamá del niño, adolescente o joven mencionado. Con esto quiero explicar que algunas mamás o papás quedan muy resentidas con una expareja o papá ausente que no responde por su hijo económica o afectivamente, entonces presenta un resentimiento no solo con el papá o la mamá del niño o joven, sino con el hijo. Muchas veces odian a los hijos así digan que no es así, y el maltrato es sutil o con pellizco y caricia intermitentes, como digo yo. Ahí verdaderamente se confunde el menor o joven. Para este caso aplican los mismos principios que se evaluaron y se aconsejaron en el libro. De esta manera, el niño, adolescente o joven se formará adecuadamente. Debemos tener en cuenta que las limitaciones son más de los adultos y las creencias que cogen fuerza y que conocemos todos. Casos en los que personas huérfanas tienen éxito en todas las áreas de su vida y nunca vieron esa supuesta "orfandad" como un problema. Yo digo que si un padre o una madre irresponsable no van a apoyar, tampoco que perjudique; es decir, mejor que no esté presente.

Otro aspecto para tener en cuenta en los adultos separados con hijos: es importante prohibir que alguno de los padres, abuelos, cuidadores, tíos, etc., hablen negativamente de uno u el otro padre o madre del niño, así alguno de los dos no sea tan responsable. Simplemente el niño se dará cuenta con el tiempo de que sus padres sean personas de bien o no tan bien. También aplicarían los principios de educación de este libro, independiente de esto. Este hablar mal de alguno de los papás o de los dos, no es saludable para el niño. A esto se le llama "niños ping-pong" y el niño, adolescente o joven no tiene responsabilidad alguna en este conflicto de padres. En caso de que el menor no tenga a alguno de sus padres, abuelos, tíos, etc., no deben verlo como un huérfano y pobrecito. Percibirlo de manera normal es la mejor forma, así el niño o menor va a verse como alguien que en realidad tiene que vivir esa experiencia y no dramatizar. También es aconsejable seguir las pautas de educación para la responsabilidad, la autonomía y el amor consciente que propongo en este libro.

Para terminar, quiero agregar que este es el comienzo. Paradójicamente cuando se termina de leer un libro de autoayuda o un libro informativo, los lectores, como siempre lo he dicho, deben tomar lo que les sirve y dejar pasar, por ahora, lo que no les sirve. Y lo más importante al terminar de leerlo, es saber que acá comienza el trabajo de poner en práctica lo aprendido. Gracias por leer este escrito y no me queda más que desearles lo mejor en sus vidas. La nueva humanidad ha estado cambiando constantemente y la evolución del ser humano está en manos de cada uno de nosotros, no en esperar que los otros hagan los cambios.

Hijos adoptados y únicos.

En muchas pareja y familias se presentan el caso de las adopciones, en estas circunstancias hay que tener en cuenta, que al igual que los hijos únicos también aplicarían los conceptos de la mala y mejor educación y formación.

En el caso de los hijos adoptados, es importante que los padres o cuidadores y demás familiares y conocidos de estos hijos, no sobreprotejan, endiosen, ni sean permisivos. Los anteriores conceptos de la formación se presentan con frecuencia en hijos adoptados. Esto sucede porque se tiene la creencia errónea porque son adoptados ya traen un problema implícito y por este motivo, estos menores son percibidos como niños indefensos, infortunados y que los nuevos padres van a salvar de una vida miserable y complicada, siendo esta una manera errónea de ver a estos menores. De lo anterior, lo más aconsejado es poder percibir a estos hijos o menores como personas normales, como niños/as que pueden desarrollar la responsabilidad, la autonomía y amor consciente de manera favorable, y de esta manera lograr un desarrollo normal.

En el caso de los hijos únicos se presenta también este fenómeno. Repito, siendo percibidos erróneamente por los padres y demás personas cercanas al menor, como hijos sufridos, especiales, diferentes o que sufren soledad, que no van a tener hermanos, van a sufrir de abandono, y que esta condición de ser hijos únicos va a ser muy complicada para este menor, entre otras creencias erróneas que he escuchado en la atención a consultantes. Estas creencias distorsionadas son las que con el tiempo de crecimiento y desarrollo psicológico en los menores, van a afectar al niño y futuro adolescente negativamente. Lo recomendado es seguir con el fomento y el desarrollo de las pautas que se proponen en la responsabilidad, la autonomía y el amor consciente. Si bien, los niños adoptados, ya traen un componente genético importante y posiblemente un rechazo o abandono de sus padres biológicos implícito, no indica que durante la experiencia y el crecimiento y desarrollo psicológico y emocional estable y consciente, estas carencias se puedan minimizar y usando las mejores pautas de crianza, se logren potenciar las fortalezas, virtudes, y cualidades para así, lograr un mejor y normal desarrollo.

Algo más sobre la responsabilidad, la autonomía y el amor consciente

Por lo anterior, debemos tener en cuenta que en el juego del deber y el ganar, y las recompensas a usar, se propone que sean no solo actividades placenteras y regalos o premios, sino también las que yo llamo los premios afectivos. Estos pueden ser: afecto, acompañamiento, cosas materiales, halagos, aprobación, validación, reconocimiento y amor responsable y exigente. En este tema va incluida la mejor manera de poder educar para la autonomía sana. Desde cuando el niño nace y en la medida que crezca y se desarrolle, observe sus cualidades y capacidades que muestre, esto puede a futuro ser algo positivo de su posible carrera o *hobbies,* y apoyarlo es importante.

Conclusiones

Existen personas bien formadas y otras que han sido mal educadas. Las personas tienen posibilidad de cambio y en la medida que se tenga la información para hacerlo, es posible comenzar a hacerlo. La prevención es la mejor herramienta para poder evitar, a mediano y largo plazo, comportamientos bastante negativos en los jóvenes de hoy. Hoy observamos que la evolución del planeta y de los seres humanos, se está dando muy rápidamente y existe demasiada información. Por lo tanto, los padres y educadores deben estar preparados para conocer las mejores pautas de educación de los hijos. La psicología es una ciencia con grandes estudios que nos puede apoyar a hacer prevención verdadera.

Finalmente, el propósito principal de este libro es transmitir por qué a las personas no se les enseña a asumir sus vidas desde las edades tempranas, para el mejor desarrollo de los propósitos de las personas que habitamos el planeta. Para concluir, si las personas hacemos conciencia de que el día que todos hagamos algo constructivo basado en los valores, las fortalezas y las cualidades individuales, podremos entender el verdadero desarrollo espiritual, mediante el crecimiento de la autonomía, la responsabilidad y el amor consciente en las personas. Deduciendo que, cuando una humanidad con cada vez más individuos responsables, autónomos y educados con amor responsable y consciente, esta será un mejor colectivo para asumir el reto de ser y formar una mejor sociedad. Me hubiera gustado escribir más información, sin embargo por el momento es suficiente y luego surgirán más conceptos útiles del escrito en nuevas ediciones.

Su opinión y consultas son bienvenidas
Escríbanme a:
mendozacamilo@hotmail.com
www.propositos.co

Made in the USA
Middletown, DE
31 December 2021